# 数字化浪潮中的市场营销新生态

胡文萍 ◎ 著

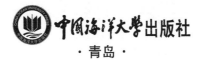
中国海洋大学出版社
·青岛·

图书在版编目（CIP）数据

数字化浪潮中的市场营销新生态 / 胡文萍著.
青岛：中国海洋大学出版社，2024.9. -- ISBN 978-7
-5670-3921-6

Ⅰ.F713.3-39
中国国家版本馆CIP数据核字第20242NV002号

SHUZIHUA LANGCHAO ZHONG DE SHICHANG YINGXIAO XINSHENGTAI
# 数 字 化 浪 潮 中 的 市 场 营 销 新 生 态

| | |
|---|---|
| 出版发行 | 中国海洋大学出版社 |
| 社　　址 | 青岛市香港东路 23 号 |
| 邮政编码 | 266071 |
| 出 版 人 | 刘文菁 |
| 网　　址 | http://pub.oue.edu.cn |
| 电子邮箱 | 1922305382@qq.com |
| 订购电话 | 0532-82032573（传真） |
| 责任编辑 | 陈　琦　　　　　　　　　电　话　0898-31563611 |
| 印　　制 | 三河市悦鑫印务有限公司 |
| 版　　次 | 2024 年 9 月第 1 版 |
| 印　　次 | 2024 年 9 月第 1 次印刷 |
| 成品尺寸 | 170 mm×240 mm |
| 印　　张 | 12 |
| 字　　数 | 218 千 |
| 印　　数 | 1—1500 |
| 定　　价 | 75.00 元 |

如发现印装质量问题，请致电15600123656 调换。

# 前 言

PREFACE

在数字化的浪潮中，我们目睹了一个时代的崛起——数字时代。它以前所未有的速度改变着我们的生活、工作和商业模式。随着科技的飞速进步，数字经济正迅速崛起，成为驱动全球经济增长的新引擎。在这个全新的时代，企业面临着前所未有的挑战与机遇，如何把握数字时代的脉搏，实现企业的转型与升级，成为摆在我们面前的重要课题。

本书旨在全面解析数字时代的企业转型与数字营销，从多个维度探讨数字化对企业经营管理的深远影响。本书将从数字经济的快速发展、消费者主权时代的来临、新消费的出现以及企业的全面数字化等多个方面，为读者展现一个全新的商业生态。

在数字营销领域，本书将深入探讨数字营销的定义、特点、发展历程以及消费者决策路径。同时，本书还将关注数据在数字营销中的作用，探讨如何通过数据思维优化营销策略，实现颠覆式定价和全渠道营销。此外，品牌建设的数字化创新与管理也是本书的重点内容之一，本书将分析品牌资产的核心价值，探讨新消费品牌的崛起路径，以及品牌形象、定位的数字化策略创新。

在数字化用户的识别与种子用户培养方面，本书将借助大数据用户画像和消费者心理洞察，分析用户旅程地图与消费行为，为企业识别和培养种子用户提供有力支持。同时，本书还将关注数字化交易的实现与电商平台运用，探讨电子商务的业态差异以及实现数字化交易的最佳路径。

在持久用户关系的维护与私域流量转化方面，本书将分享私域流量的运营策略与技巧，帮助企业更好地维护用户关系，实现流量转化和价值提升。此外，本书还将关注直播营销与短视频营销的创新应用，分析直播营销的典型模式与案例，探讨短视频营销的发展与变现途径，以及短视频与直播的结合策略。

最后，在展望未来数字营销的趋势时，本书将关注大数据、人工智能在数字营销中的深度融合，探讨全域营销时代的企业战略布局与发展方向，以及新零售变革给企业带来的挑战与机遇。

本书旨在为企业提供一份全面、系统的数字营销指南，帮助企业在数字时代中把握机遇，应对挑战，实现转型与升级。无论是初创企业还是传统企业，都可以通过本书了解数字营销的最新理念和实践案例，从而为自己的业务发展找到新的突破口和增长点。

在撰写本书的过程中，本书力求以客观、深入的态度分析数字时代的商业现象和趋势，为读者提供实用的指导和建议。我相信，通过本书的阅读，读者将能够更好地理解数字时代的商业逻辑和营销策略，为企业的未来发展奠定坚实的基础。

本书编写时参考了大量相关专家的著作及资料，在此表示衷心的感谢！由于作者水平所限，书中部分内容难免存在疏漏和不足之处，敬请大家批评指正！

著　者

2024 年 7 月

# 目 录

CONTENTS

# 1 数字时代的来临与企业转型

## 1.1 数字经济快速发展

### 1.1.1 网络用户规模与日俱增

科技进步在某种程度上加速了全球经济结构从实体向虚拟的转型进程。据 We Are Social 与 Hootsuite 联合编纂的《2021 全球数字报告》揭示：至 2021 年初，全球手机用户量已突破 52.2 亿大关，占全球总人口的 66.6%，彰显了移动通信技术的普及广度。同时，互联网用户数量也达到了 46.6 亿，互联网渗透率攀升至 59.5%，标志着全球范围内互联网接入的显著增长。更令人瞩目的是，社交媒体用户群体已壮大至 42 亿，其规模在世界人口的半数以上，达到 53%，这反映了数字社交活动在全球范围内的蓬勃兴起。科技的飞跃不仅促进了信息交流的便捷化，还深刻改变了全球经济活动的面貌，推动了"数字化"成为全球经济的重要特征之一。

根据中国互联网信息中心（CNNIC）2022 年 2 月发布的第 49 次《中国互联网发展状况统计报告》，截至 2021 年 12 月，我国网民规模达 10.32 亿，较 2020 年 12 月增长 4296 万，互联网普及率达 73%。我国网民使用手机上网的比例达 99.7%，手机仍是上网的最主要设备。网络支付用户规模达 9.04 亿，较 2020 年 12 月增长 4929 万，占网民整体人数的 87.6%。

## 1.1.2 数字广告收入连连攀升

数字网络媒介作为一种广告载体，在企业的营销传播中扮演着越来越重要的角色。

根据官方发布的《2021 中国互联网广告数据报告》，2021 年互联网行业受益于内生需求的增长，实现了广告收入 5435 亿元（不含港澳台），同比增长 9.32%，幅度较上年减缓了 4.53%；互联网营销市场规模约为 6173 亿元，较上年增长 12.36%；广告与营销市场规模合计约为 11608 亿元，较上年增长 11.01%。

2021 年电商广告维持了 2020 年的市场份额，展示类广告出现了近 5 年来首次 6.58% 的下降，市场份额也由上年的 34% 下滑至 29%；搜索类广告持续式微，市场占比连续 3 年下滑至 11.9%；由于视频直播市场的持续火爆，视频类广告继续强势增长，市场占比已达 20.4%，年增速也较上年进一步提高，达 52.68%。

## 1.1.3 网络视频是新的增长点

中国网络视听节目服务协会发布的《2021 年中国网络视听发展研究报告》显示，截至 2020 年 12 月，短视频、综合视频、网络直播、网络音频的用户规模分别为 8.73 亿、7.04 亿、6.17 亿和 2.82 亿，日均使用时长分别为 120 分钟、97 分钟、60 分钟、59 分钟，各个细分领域实现较均衡的发展。

网络视听行业发展迅猛，带来了巨大的商业价值。据悉，2020 年泛网络视听产业规模超过 6000 亿元。

我国的网络视听展现了技术与内容的深度融合与交互，持续涌现新业态、新应用场景，适应和满足新时代人民日益增长的文化需求，开拓出前景广阔的庞大市场空间。

# 1.2 消费者主权时代来临

《认知盈余》的作者克莱·舍基指出，人们使用媒介有 3 种目的：消费、创造与分享。20世纪的媒介作为一种单一事件——消费——发展着。但当下我们正越来越多地创造和分享媒介。不过，消费的行为不会全然消失，而是会继续扮演重要角色。

## 1.2.1 消费者的主动搜索

当消费者可以随时随地主动搜寻商品信息并指导消费决策，或者可以随心所欲地与他人互动并表达意见时，消费者获得信息的方式以及他们与品牌交互的方式便被重新定义了，更重要的是，这些行为改变了消费者与企业之间的互动关系。正如舍基在《未来是湿的》一书中所说："如果'消费者'一词指代的是购买商品或服务的孤立无援的人，那么如同社会性工具正在创造出新的受众群体，他们也在创造出新的消费者军团。消费者现在可以对企业和公众大声讲话，并且可以相互协调一起这样做。"数字网络媒介改变的不仅仅是营销传播的媒介环境和工具，更重要的是塑造了一个作为群体的消费者，并赋予了消费者前所未有的能够与大企业相抗衡的权利。

## 1.2.2 消费者的口碑效应

消费者在消费过程中感到不满意是难免的。以前，他们的抱怨、不满和牢骚，这些在企业看来不和谐的声音是可以忽略不计的，因为没有任何一个媒体会无偿发布这些信息，消费者表达的不满也根本不可能被社会大众听到。而现在，微博、微信、抖音、快手、点评网站、搜索引擎、问答频道……消费者如同拿到了扩音器，口头传播有可能演变为公共讨论，个人行为有可能演变为社会热点事件。

## 1.2.3 专属定制时代来临

互联网加速了大众市场的分化和兴趣圈子的形成，长久以来被大众化、标准化、规模化覆盖的个性需求在网络环境下被激活。数字网络和信息技术的发展为满足个性需求和开展大规模专属定制提供了条件。模块化生产和快速应变是实现大规模专属定制的前提。传统的大规模生产效率高，但市场反应迟缓；

传统的专属定制具有灵活性，但不具有成本优势。互联网使得专属定制和大规模生产享有同样的效率成本。大规模生产和专属定制的结合点正是把产品分割成组件，对于某些可以灵活设计生产的组件，可以根据消费者的意愿进行专属定制，然后对产品模块进行有机地组合并配送，使其成为对某个消费者来说独一无二的产品，从而在低成本的条件下对多变的、分散的极致个性化市场需求做出灵活迅速的反应。

## 1.2.4　消费者是朋友，不是上帝

传统的营销理论把消费者奉为上帝，意为"一切以消费者为中心，竭尽所能满足消费者的需求"。而新时代的消费者要求参与产品的生产运营，他们渴望把自己的想法融入新的产品设计；渴望围绕新的想法展开对话，制造契合自己需求的产品；渴望参与塑造一个品牌，并对它保持忠诚。他们对这个自己参与的产品和品牌有着近乎偏执的狂热，他们渴望向朋友分享、推荐甚至炫耀。所有这一切都是数字网络时代成就品牌的"核动力"。

# 1.3　新消费的出现

## 1.3.1　"Z 世代"的崛起

2024 年 6 月 21 日，尼尔森 IQ（简称 NIQ）与世界数据实验室（WDL）联合发布首份《"Z 世代"消费报告》，该报告中的"Z 世代"被定义为 1997 年至 2012 年出生的人，也被称为第一批真正的数据原住民。根据该报告，"Z 世代"占世界人口的 25%（20 亿），其中，中国的"Z 世代"占中国人口的 19%（约 2.6 亿）。"Z 世代"将成为中国互联网消费中的中坚力量，他们呈现出以下经典消费特征：

一是"颜值"即正义。视觉上他们追求的是美、酷、潮，商品首先要具备"颜值"，之后他们才会探究功能。"你美你先说，你丑你闭嘴"——这是"Z

世代"的典型表达，一旦品牌符合他们的审美观，他们就会给予品牌更多的花费和宽容。

二是结合大IP（知识产权）。回顾2020年，各种爆款IP内容如雨后春笋般涌现，各种"二次元"破壁，成功的品牌营销也纷纷站上潮头。"Z世代"乐于为此买单。

三是产品有趣味。根据《"Z世代"圈层消费大报告》，电竞爱好者中超六成是"Z世代"，他们也贡献了"二次元"Cosplay（角色扮演）品类近四成的销售额。

"Z世代"愿意将大把时间消耗在他们觉得有趣的事情上。ACG（动画、漫画、游戏）文化已成为中国"Z世代"最普遍的兴趣爱好。"Z世代"热衷于消费与此相关的衍生品以及潮鞋、盲盒这类新事物。

四是身份认同。产品体现的是时代标签、圈层标签、个性标签，需要得到某类消费者的认同，比如无印良品、小米、网易严选。

## 1.3.2　"她经济"的崛起

女性市场也是营销的一大热点板块。首先，女性作为信息的收集者，在购物的时候不仅频繁地搜索货物的信息，为他人汇总信息，还更多地讨论品牌，对品牌进行口口相传。其次，多数女性作为家庭管家，掌握着家庭的财政权、采购权等。实际上，女性在家庭和工作上的影响力均在增长。

现代女性有了更多的工作机会和工作收入，经济能力的提升使得她们有更多的话语权。她们注重生活的品质，自主消费意识进一步增强，更愿意为自己花钱。在线上，女性群体规模扩大，活跃度更强，转化率更高，成为消费的重要群体。

## 1.3.3　消费日渐分化

2020年《麦肯锡中国消费者调查》报告中出现了一些新趋势——中国的消费者行为正在分化，由过去各消费群"普涨"的态势转变为不同消费群体"个性化"和"差异化"的态势。中国的非一线城市涌现出一支新的消费主力军，以二线城市的年轻女性为代表。这一群体并不担心生活成本或未来储蓄问题，具有很强的购买意愿。但在北京、上海、广州、深圳等生活成本高昂的大城市，不同消费群体则表现各异：有的更加理性，愿意为品质而不是社会认同买单；有的更加精明，追求最高性价比；还有的更加谨慎，缩减开支，未雨绸缪。

在报告中，麦肯锡还对中国的消费者进行画像，提出了值得关注的五大消费趋势：第一，中低线城市消费新生代成为增长新引擎；第二，多数消费者出现消费分级；第三，健康生活理念继续升温；第四，旅游消费更注重体验；第五，本土高端品牌崛起。

# 1.4 企业的全面数字化

从 1995 年萌芽至今，中国的电子商务从类似线下商场的货架电商发展为基于社交的社交电商，再发展为先看内容再发生购买行为的兴趣电商，电子商务领域不断诞生新的商业生态和商业景观，电子商务经济体逐步成形。每一家企业都被网络裹挟，必须和网络连接。未来，所有的企业都将成为信息科技企业，所有的技术都将成为信息技术。数字网络和信息技术正深度融入社会经济细胞中，成为优秀企业的"DNA"，进一步影响其业务的各个层面。

## 1.4.1 企业价值网络的信息化

越来越多的企业正在利用技术再造商业模式、优化业务流程与管理，并逐渐改变行业的竞争格局与游戏规则。

在未来的企业中，首席信息官（CIO）将在公司的战略决策和日常运营中扮演重要的角色。IT（信息技术）部门是做信息服务的，这些信息包括生产信息、经营信息、市场信息等各类综合信息。IT 部门应当为企业的业务发展提供涵盖整体信息的平台，企业通过平台可以用 IT 手段对各类业务信息进行采集、存储、呈现、筛选等，为业务部门提供最需要、最有价值的信息。IT 系统将成为未来企业的中枢控制系统。未来的企业要求首席营销官（CMO）、首席技术官（CTO）和首席信息官之间有更密切的协作，或将设立首席数据官（CDO）的职位，以达到全方位信息化运营管理的目的。

## 1.4.2　企业运营的数字化

为了改变、改造甚至彻底重塑自己，无数企业、品牌都在积极拥抱数字技术的浪潮，企业正面临全面数字化。有学者认为，可以依据以下5点判断企业是否真正实现了数字化：

连接（connection）、消费者比特化（bit-consumer）、数据说话（data talking）、参与（engagement）、动态改进（dynamic improvement）（见图1-1）。企业若是在这5点上的表现都较好，则认为该企业实现了数字化。

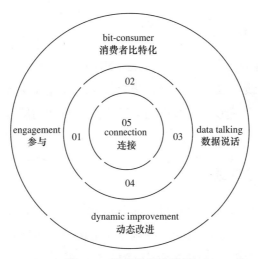

图 1-1　数字化程度模型

### 1.4.2.1　连接

2006年至今的移动互联网时代，人与手机形影不离已经成为常态，尤其是在智能手机出现后，手机的功能不断增多。从过去的传统书信转为现今的微信、微博等社交软件，人类历史上从未在交流方面如此便捷过。网络不仅连接了人与人、人与服务，还连接了线上与线下、人与渠道、服务与渠道等。

### 1.4.2.2　消费者比特化

消费者点击了一个链接，搜索了某个信息或是发表任何言论，都会被记录下来成为用户行为数据，千千万万的用户行为数据构成了大数据，企业可以对搜集到的大数据进行分析。消费者比特化就是指企业应该善用大数据技术，对潜在消费者做出精准的用户画像，进一步优化企业的产品和服务。

### 1.4.2.3 数据说话

互联网的用户行为会被记录下来形成大数据，但用户行为又多又杂，导致数据量庞大，其中以没有价值的垃圾信息居多。只有在浩瀚的数据之海中提取出对企业了解消费者喜好和价值取向有用的相关数据，比如用户属性数据、用户浏览数据、用户点击数据、用户交互数据，让获取到的数据"说话"，公司管理层才不至于主观臆断，从而制定更科学的营销战略。

### 1.4.2.4 参与

参与，即让消费者参与到企业的经营中来。只有让消费者参与企业经营的每个环节，获得线上线下的沉浸式参与体验，才能加深他们对品牌的情感印象，让品牌和用户之间形成更有效的互动沟通，将参与感渗透到互动的每个环节中去。

### 1.4.2.5 动态改进

互联网时代瞬息万变，用户行为随时可能发生变化，企业要紧跟用户的步伐，根据用户爱好与需求的改变及时调整企业的营销策略，保持动态关注，才能保证企业运营的营销战略和消费者行为是合宜的。

# 2  数字营销概论与发展阶段

## 2.1  数字营销的定义与特点

### 2.1.1  数字营销概述

20 世纪 90 年代中期以来，随着互联网技术的广泛应用，数字科技在传统传播技术的基础上，开发了庞大的数字媒体渠道，消费者的生活方式也发生了巨大的变化，社会进入了由美国学者尼葛洛庞帝在 1996 年提出的"数字化生存"的新阶段。在此背景下，传统的营销模式已经跟不上时代的步伐，适应互联网时代的数字营销应运而生并得到了快速发展。

#### 2.1.1.1  数字时代已然来临

21 世纪以来，各学科的融合加速，新兴学科不断涌现，前沿领域不断延伸，以机器人、大数据、云原生、人工智能、区块链、5G（第 5 代移动通信技术）等为代表的新一轮信息技术革命已成为全球关注的焦点，欧、美、日等发达国家和地区争相竞逐新一代信息技术市场蓝海。

当下，社会正处于第四次工业革命中，以人工智能、虚拟现实、量子计算、量子通信、物联网、大数据、机器人、纳米技术、生物基因等为代表的新技术推动的第四次工业革命正在不断取得更多、更新的成果，新技术带来的新工艺、新产品、新应用也使人们的行为方式、思维模式、生活方式发生改变。今天少数人正在体验的数字产品和服务，未来会成为一种很普及的产品和服务。

未来 10 年，云原生、物联网、移动通信、光子信息等技术的发展将促进大数据技术的发展，意味着计算从赛博空间进入人机物三元世界，这是 21 世纪信息领域基本的范式变革。在面向三元世界的计算中，计算过程不再局限于计算机与网络的硬件、软件和服务，而是综合利用物理世界、赛博空间和人类社会的资源，通过人机物的协作完成任务。

未来 10 年，人机物三元融合将使信息科技渗透到实体经济和社会服务中。传统计算机科学将演变为人机物三元计算信息科学，传统信息技术将升级为"端—网—云"信息网络技术，出现新的硬件、软件、应用模式、协议和标准。

未来 10 年，新一代信息技术的发展会加速深化全球产业分工和促进经济结构调整，重塑全球经济竞争格局。中国须抓住全球信息技术和产业新一轮分化与重组的机遇，打造核心技术产业生态，推动前沿技术突破，实现产业链、价值链等环节协调发展，进而推动中国数字经济的发展。

当前，数字经济正成为驱动我国经济发展的重要力量。《世界互联网发展报告 2019》及《中国互联网发展报告 2019》指出，2018 年中国数字经济的规模为 31.3 万亿元，占 GDP（国内生产总值）比重达 34.8%，数字经济已成为中国经济增长的新引擎。此外，数据显示，北京、广东、上海、浙江、江苏五地的互联网发展水平分列全国前五。

数字经济是指以数字化的知识和信息为关键生产要素，以数字技术创新为核心驱动力，以现代信息网络为重要载体，通过数字技术与实体经济深度融合，不断提高传统产业数字化、智能化水平，加速重构经济发展与政府治理模式的一系列经济活动。发展数字经济的重要性不言而喻，我国新一轮数字经济创新发展规划将加速落地。

从总量来看，近年来我国数字经济规模保持快速增长，占 GDP 比重持续上升。数字经济蓬勃发展，推动传统产业改造，给经济发展增添新动能。2018年，数字经济发展对 GDP 增长的贡献率达到 67.9%，贡献率同比提升 12.9 个百分点，超越部分发达国家水平，成为带动我国国民经济发展的核心和关键力量。发展数字经济是促进经济转型升级的必由路径，也是落实网络强国战略的重要内容。

人类文明进程的每一次重大飞跃，都是对固有边界的突破。人们通过发现边界与定义边界，将未知转化为已知，又通过对边界的突破和对未来的进一步探索，实现社会发展进程的跃升。

蒸汽机的发明，突破了人力的边界，把人类社会带入工业时代；电力的广泛应用，打破了人类生产与生活的动力边界，人类从此由蒸汽时代跨入电气时代；计算机与互联网的发明，突破了人类脑力的边界，拉开信息时代序幕。

进入 21 世纪，人类社会又一次站在变革前夕。云原生、大数据和物联网等新技术驱动的数字经济迅速崛起，数字化变革的趋势和力量正在席卷全球。美国学者尼葛洛庞帝 20 多年前的预言成为现实，数字时代已然来临。

边界正在模糊，边界也正在融合。人与人、物与物、人与物之间智能互联，物理世界和数字世界的深度融合正在发生，人类社会进入飞速发展的快车道，全联结世界、新商业文明正在诞生。

在数字时代的探索道路上，技术的边界不断被突破。3D 打印技术是数字化制造技术的重大成果，突破了一直以来人们采用的减材制造办法，反其道创新，从散碎物料入手，利用数字模板打造 3D 物体。事实上，研究人员已经开始研究 4D 打印，未来的产品将能通过自我调整适应温度、湿度等环境因素。

随着数字技术的发展，生物基因工程技术的边界也被一再突破。过去，人类基因组项目花了 10 年以上的时间才完成，耗资高达 27 亿美元。如今，一个基因组的排序仅需数小时便可完成，花费不足 1000 美元。未来，DNA 技术和合成生物学技术的发展甚至可以赋予人类定制有机体的能力。

移动支付、无人驾驶汽车、可穿戴联网设备等产品层出不穷。以 5G、云原生、大数据、人工智能与物联网为代表的数字技术，其能量在持续释放，社会网络化、信息数字化、交互实时化的现实已经成为真实而普遍的生活方式。

在数字技术的驱动下，行业边界越发模糊。数字技术正在和各行业深度融合，越来越多的传统企业探索打破行业之间的传统边界，进行数字化重构与升级，以应对行业变革。

在汽车领域，车辆变成了带车轮的电脑，电子元件的费用占据了 40% 的车辆成本。在金融行业，区块链、全新的"智能顾问"（robo-advisory）算法等技术的应用大幅降低了结算与交易成本，将改变传统金融与投资领域的运作方式。在医疗行业，物理、生物和数字技术的融合使通过可穿戴设备与植入式技术采集信息成为现实，变革同样在悄悄发生……

不断涌现的以数字技术创新为驱动的公司，正在利用其领先的技术能力突破行业边界，成为行业的"搅局者""颠覆者"。对大部分企业来说，数字化转型将是关键，全球1/3的行业领导者将被全面数字化转型战略的竞争对手颠覆。

基于互联网平台的共享经济为行业的融合提供了更多的可能性：全球最大的出租车公司却没有一辆车，最受欢迎的社交媒体公司却不制作任何内容，最有价值的零售商却没有任何存货，最大的住宿提供商名下却没有任何房产……

人类已经开始全面迈入数字时代。数字产品和服务已经全面渗透到城市管理、企业运营、环境保护、公共安全等领域，以及人们工作、生活、娱乐的每一个角落，数字化社会释放出的想象力与创造力正在塑造着社会的未来，对人类社会结构变迁产生了深刻的影响。

数字化转型正成为国家创新发展的关键形式和重要方向，世界各国纷纷制定了相关的国家战略，数字经济战略、ICT（信息与通信技术）发展战略、数字议程、数字化战略……各国对数字化转型之路的探索方兴未艾。这个过程需要付出许多艰苦的努力，需要国家、行业、科研机构之间打开边界、紧密合作，构建开放的数字生态，以繁荣生态和共生关系的确定性应对未来的不确定性。

对于数字化转型的探索，企业要努力推动跨界合作，打开组织边界与专业边界，构建开放的产学政研生态圈，以生态创新和技术创新驱动社会经济发展。

### 2.1.1.2 数字技术推动产业变革

未来，数字技术将成为推动全球产业变革的重要力量，并且不断集聚创新资源与要素，与新业务、新商业模式互动融合，快速推动农业、工业和服务业等产业的转型升级。当前，全球数字化进程正呈现一些新的趋势。

（1）全球数字技术创新日益加快。先进计算、高速互联、智能感知等技术领域创新方兴未艾，类脑计算、深度学习、机器视觉、虚拟现实、增强现实、无人驾驶、智能制造、智慧医疗等技术及应用创新层出不穷；面向未来的新技术体系正在加速建立，竞争的焦点从单一产品转变为技术产品体系和生态体系的竞争。随着社会的网络化、融合化和体系化发展，全球范围内信息领域的技术与产品形态正不断创新，新一阶段的技术和产业演进脉络日渐清晰，并不断产生新的平台、新的模式。

（2）全球数字技术产业格局进入深度调整期。全球数字技术产业并购与整合的规模、频度、范围屡创新高。半导体产业巨头纷纷投入巨资，垂直整合产业生态链中的稀缺资源和关键要素，以打造自身在产业和技术上的竞争优势；谷歌、苹果、脸书等公司持续并购大量人工智能、智能硬件、应用开发、平台服务等领域的公司，传统设备、软件行业的巨头水平整合云原生、大数据和物联网资源，以抢占人工智能等新一代信息技术发展先机。

（3）互联网普及进入拐点。当前，全球互联网普及进程逐渐开始减速，预测这一趋势将在未来几年得到持续强化。与此同时，随着可穿戴设备、智能家居、车联网、智慧城市等产品和服务的发展，接入网络的设备数量呈现逐年递增趋势，接入主体的变化将对网络的技术创新、应用形态及服务能力产生深远影响。

（4）互联网深度融入社会治理。互联网逐步成为人们社会交往、自我展现、获取信息、购买产品和服务的基本生活空间。互联网及大数据正驱动社会治理从单向管理向双向协同互动转变，社会治理模式正从依靠决策者进行判断，发展到依靠海量数据进行精确引导。

经过数十年的发展，数字经济所依托的基础软硬件技术和产业取得了较大进展，初步形成了比较完整的产业链。未来 10 年，得益于我国政策引导、产业结构升级效应、数据资源禀赋效应，我国的数字经济还将迎来发展的机遇期。

未来，在许多领域，销售人员或成为多余，消费者通过互联网，特别是脸书、微信、抖音等这样的社交平台，就能够掌握大量的商品消费信息。

在瞬息万变的互联网时代，新技术的诞生使聚焦营销的群体多了一个工具去创造更好的用户体验，H5（第 5 代超文本标记语言）、直播、短视频就是创意技术与媒体技术融合的现象级产品。在技术愈发成熟的今天，营销从业人员正抓住时机，以创新技术推动内容创造，主动利用新媒体，既取得了很好的传播效果，也让受众的碎片时间变得更加丰富多彩。新技术在品牌营销领域将大有可为，整个营销生态圈开创了不少精彩的技术营销尝试。

不断发展的广告技术、营销技术所带来的冲击力更大，它要求企业快速融合数字、技术基因，不仅要连接消费者，掌握消费者的消费动机，同时也需要挖掘消费者的潜在需求，更好地理解消费者，产生更有吸引力、传播力的创意。新技术的应用为创意的开发与应用打开了一个广阔、有趣的新天地，众多品牌创造了很多好玩的、有意义的品牌营销体验，既拉近了品牌和消费者之间的关系，又实现了高效、直接的效益转化。

### 2.1.1.3　企业数字化转型

2020年，雷神山、火神山医院在建造时的云直播就采用了5G技术，而且这两座医院内部也采用了5G技术，可以实现远程医疗、远程对话。很多旅游景区包括故宫、敦煌石窟等，也在应用5G技术，让大家足不出户畅游景区。新冠疫情在给企业带来危机的同时，也促进了新的发展。

在整个疫情防控期间，大数据与人工智能发挥了巨大的作用，腾讯联合微医、好大夫在线、企鹅杏仁、医联、丁香医生5大互联网医疗服务平台，上线"疑似症状在线问诊"小程序；AI（人工智能）算法使新冠病毒RNA（核糖核酸）分析时间从55分钟缩短到27秒；百度智能外呼平台用语音机器人代替人工，帮助政府、基层社区迅速完成居民排查工作；企业微信、钉钉等开放在线工作平台，让千千万万的企业能够在线开展工作。一些拥有线上平台的企业进行危机管理的能力比较强；一些不具备线上平台但有数字化能力的企业正快速与平台对接，寻找自己的机会；那些没有数字化处理能力的企业，在变化来临时可能会束手无措。经此疫情，各个企业认识到，只有做好数字化转型工作，才能提升抵御风险的能力。

企业数字化能力的提升涉及企业的组织架构、经营模式等多方面的调整。企业数字化的核心能力主要包括企业数字化基础设施建设、数字化应用、大数据分析等。相对于计算、存储、网络等传统基础设施，数字化基础设施涵盖了物联网、人工智能、区块链等IT技术设备。加快向感知型、敏捷型组织转型，夯实数字化基础支撑，提升企业数字化的核心能力，将是企业应对不确定的、动态的环境的必然选择。

很多企业已经为数字化转型做了准备，包括现代化数字设备的引进和管理系统如ERP（企业资源计划）系统、CRM（客户关系管理）系统、财务系统、生产制造系统的建立。一些企业经过多年积累，已经在生产管理、顾客管理过程中收集了大量的数据，数字化转型就是将所有系统的数据打通，发挥数据的最大作用。

为了将数据打通，阿里云提出"数据中台"的概念。所谓数据中台，就是在 IT 系统上搭建一个数据管理的平台，将各个系统生产的各种数据放到这个中台上，把数据整理好之后，根据统一标准使用这些数据。这也是为什么预测未来会有大量数据分析场景出现，因为数字时代已经到来了，2020 年出现的新冠疫情更是加速了企业的数字化进程。

文字、图像、声音、音频、视频、符号等都是数据，2020 年以来通过对各类 AI 数据的技术应用，区块链、人工智能、5G 等技术将越来越成熟。

企业的数字化转型，其实就是在移动互联网、人工智能技术背景下，以消费者为中心，重构人货场竞争赛道的过程。由于互联网的发展，销售由线下向线上迁移。近些年，随着智能手机的普及，越来越多的线上销售在移动终端上完成。

#### 2.1.1.3.1 企业数字化转型案例

蔓延全球的新冠疫情使依赖线下销售渠道的实体企业大受冲击，也暴露了很多原本还不显著的问题。政府不仅需要从应对疫情冲击的短期视野来考虑，还要站在新一轮技术和产业变革浪潮的战略高度，来进行政策的顶层设计。企业也迫切需要变革，数字化就是方向之一。以星巴克为例，这家成立于 1971 年的企业一直在刷新自我，战略性地利用数据来保持竞争力。

数字化一直是星巴克的重要发展战略。2018 年 3 月，星巴克 CEO（首席执行官） 凯文·约翰逊在年度股东大会上宣布，未来 10 年，星巴克会将数字化投入、在中国市场的继续扩展，以及发展高端臻选线作为创新策略。

在约翰逊看来，零售业的转型正在加速，未来能留存下来的赢家不会很多。过去的几年中，美国零售业的收购战已经愈演愈烈，沃尔玛、亚马逊、麦当劳都在加速数字化布局。

早在 2016 年，星巴克在宣布 5 年科技创新计划时就提出了数字化战略，并将之称为"数字飞轮"（digital flywheel）计划，在中国，数字化明显被放到了一个更重要的位置。从 2018 年开始，星巴克和阿里巴巴达成合作，在 35 个城市提供外送服务，还和饿了么打通了会员体系，用户在饿了么下单的同时也能积累星巴克会员积分。从 2019 年 6 月开始，星巴克中国调整了管理架构，数字创新部门和零售部门并行。这说明，星巴克中国对数字化的重视又进一步提升。

与大多数公司相比，星巴克更好地展示了数据、技术和商业之间的关系。图 2-1 所示的 5 个方面可以体现星巴克是如何利用数据、人工智能、物联网和云等技术来改善自身业务的。

图 2-1　星巴克的数字化转型

（1）个性化促销。客户数据的经典用法是根据个人消费者的偏好提供个性化服务，星巴克也不例外。2015 年，星巴克推出了 Mobile Order & Pay，将线上与线下系统打通，实现用户信息数据化，可根据用户历史消费习惯进行产品预测，实现了用户的个性化营销和订单预测，从而影响供应链。

（2）跨渠道产品开发。个性化的促销活动无疑是有效的，而对星巴克来说同样重要的还有利用用户数据来开发产品。在一个企业里，有些方面的数字化转型比另一些方面来得快，而生产的数字化转型一般是比较慢的，这是因为扩张产品线和生产地点之前，需要做大量的用户和市场调查。星巴克利用消费者数据设计了一系列产品来适应消费者习惯，加速了生产的数字化转型。

（3）门店规划。在此之前，星巴克的决策大多基于经验和判断。现在，星巴克利用大数据来选址，把选址转化成一项复杂的数据分析工作，这项工作的核心技术是基于位置的人工智能分析。

对于星巴克而言，数据库里用户数量的增长和 App 使用量的增加，不仅提高了消费者体验，而且有助于精准地找到新店的最佳选址。星巴克会综合考虑人口密度、人口特征、距离其他星巴克的远近和交通状况等，来决定新店的位置。

（4）动态数字菜单。星巴克使用数据的方式意味着它可以根据顾客、地点和时间修改产品，这就会影响产品促销和定价。如果在柜台上方的印刷菜单上展示店内商品，那么就无法持续地调整商品种类，对星巴克来说，解决之道是在商店里推出数字显示设备，通过计算机设置菜单内容，这样就可以在菜单中反映顾客偏好，降低菜单成本，并且可以及时进行更改。

（5）优化机器维护。典型的星巴克门店有交易单价较低、持续时间较短的特点，高客户吞吐量是门店成功的关键。如果一台机器出现故障，可能会严重影响业务绩效。时间就是金钱，效率就是生命，机器发生故障时，让工程师们尽快修理坏掉的机器是最重要的。

星巴克开发了一种新的咖啡机——Clover X，它不仅煮出的咖啡出类拔萃，而且还能实现云端连接。这样一来，星巴克不仅可以更全面地收集操作数据，还能够远程诊断故障，甚至远程修复。

类似的概念也适用于其他机器。例如，星巴克在全球范围内的门店中都配备了标准的烤箱，这也是由电脑控制的。目前，每当机器配置发生变化时就需要更新驱动程序，未来，这无疑会直接连接云端，把更多的事情交给人工智能去做。

有人说，星巴克并不是伪装成科技公司的咖啡连锁店，而是一家用美味的咖啡和舒适感来吸引用户的科技公司。在数字时代，企业的发展对技术的依赖程度越来越大。在消费者越来越习惯线上消费的今天，星巴克实现了和消费者的有效交流，快速跟上了消费者消费习惯的转变。

星巴克的数字化升级转型也不是一蹴而就的，是慢慢摸索并持续优化的。为了应对更多咖啡市场的新兴企业，这家咖啡龙头企业将如何持续创新，并发挥其品牌优势来抵御冲击，令人期待。

#### 2.1.1.3.2　企业数字化转型要点

数字化转型是企业的必由之路，但这一转型无现成模式可借鉴，总体上来说应把握以下要点。

（1）数字为王，重构企业营销生态。互联网将重构绝大部分企业、行业和产业。10年以后，可能很多传统企业都不复存在，或者以"互联网＋"的方式存在，每个人只要拿出手机等移动设备，就能直接享受最便利的服务。这样的转型使得服务成本极大降低，大家可以用更低的价格享受更好的生活。从消费者层面来看，最新数据统计，平均每4分钟看一次手机成为常态，并且手机延伸了人的视听功能。随着5G智能终端、家居智能终端等的发展，手机的功能也许会被这些智能终端所取代。从这个意义上讲，手机和智能终端应用是企业实现数字化转型的重要方向。

（2）数字化的关键是价值的重构与升级。从互联网发展的角度来看，消费互联网市场已趋于稳定与饱和，而对实体资源有充分把控能力的企业仍有很大探索空间，它们已经开始与移动互联网融合，创造全新的价值经济，进而推动互联网行业迈向产业互联网时代。

消费互联网的商业模式以"眼球经济"为主，即通过高质量的内容和有效信息的提供来获得流量，从而通过流量变现的形式吸引投资商，最终形成完整的产业链条。然而随着虚拟化进程逐渐从个人转向企业，以"价值经济"为主要盈利模式的产业互联网逐渐兴起。有别于消费互联网的"眼球经济"，产业互联网的商业模式以"价值经济"主，即通过传统企业与互联网的融合，寻求全新的管理与服务模式，为消费者提供更好的服务体验，创造出不仅限于流量的具有更高价值的产业形态。

（3）服务产品化、产品用户化、用户粉丝化、粉丝社群化。服务产品化能够更好地提升服务质量，不断地优化、规范服务产品，还可以根据用户的需要提供个性化、定制化的服务，让客户体验到不断提升、不断改进的卓越服务。服务的可重复利用和产品化已成为大势所趋，服务产品化转型最主要的挑战来自企业内部，企业需要在模式、流程、人员和文化等4个方面做好准备。

不管是互联网市场的产品，还是传统行业的产品，都需要产品用户化。产品用户化，从用户层面来讲，包括吸引用户、获取用户、转化用户和改变用户4个阶段。企业对于自己的核心用户群应时刻保持巨大的吸引力，并且尽可能提高这些核心用户的活跃度及转换率，甚至更进一步，像"米粉""果粉"那样，把这些用户打造成自己的粉丝，并让粉丝形成强大的部落。

随着移动互联网的快速发展，我国社会全面进入社交媒体和移动互联时代，个体消费者的影响力显著提升，消费者的消费权利和个性得以充分释放，而受日益碎片化的渠道以及资讯入口的影响，用户的注意力也变得愈发分散，难以聚焦。在这样的商业背景下，任何一家企业要想成功，拥有一批关注企业品牌的忠实粉丝就显得尤为重要，因此粉丝忠诚度的打造就成了企业竞争中非常重要的一环，企业必须强化与粉丝的互动。许多品牌的腾飞正是因为粉丝的赋能，粉丝的价值和贡献已经很难从单一相度来衡量，他们不仅贡献购买力和传播口碑，有的甚至参与品牌产品的研发和设计，更有甚者，在危急时刻，粉丝还能力挺品牌渡过难关。可以说，未来的品牌只有两种——有粉丝的品牌和没有粉丝的品牌，显然，没有粉丝的品牌在竞争中将会非常被动。

凯文·凯利提出了"1000名铁杆粉丝"原理，即一个艺人只要有1000名铁杆粉丝就可以衣食无忧，可见粉丝的贡献力是惊人的。可能很多人想象不到，某位拥有数千万微博粉丝的明星 / 博主，其核心粉丝只有几百人，但这几百人却影响了千万甚至是上亿人。同样，在营销界也有一批依靠粉丝崛起的品牌，比如小米。"无粉丝，不品牌"，这是企业不得不去正视的严酷现实。

用户粉丝化和粉丝社群化的价值是巨大的，既可以为用户带来难以抵挡的专业价值和贴心服务，还可以为用户带来极佳的过程体验和完整的交互过程，亦可以为用户带来长期的、持续的吸引力。

### 2.1.1.4 数字营销应运而生

近年来，数字经济作为全球经济的重要内容，已成为经济发展的主线，并在逐步推动产业界和全社会的数字化转型。数字营销作为企业数字化转型的重要突破口，市场需求不断增长，云原生、人工智能、大数据等新一代信息技术的发展不断推动着营销技术、营销架构、营销方式的变革，同时，以消费者为核心的数字营销也推动了技术的发展、产品的创新与迭代。不断扩大的数字营销市场不仅是数字经济发展的新风口，也成为互联网巨头及创新型企业竞相追逐的新蓝海。

无论是在强调网络化、信息化发展的数字营销 1.0 时代，还是在移动互联网、数字技术高速发展的数字营销 2.0 时代，或者正在催生的人机交互、万物互动、智能世界的数字营销 3.0 时代，营销模式在新技术演进、商业模式创新中不断迭代、升级与变革，催生新架构、新技术、新模式、新服务，也由此产生新的行业领导者与生态阵营。全球范围内的企业数字化转型正在加速，时代变革已经来临，数字营销风口已然形成，谁能把握先机，谁将成为行业的颠覆者、引领者。

### 2.1.1.5 数字营销的定义

数字营销理论的发展与互联网的商业化应用同步而生，最早可追溯到 1994 年。1994 年 10 月，美国的 HotWired 网站（www.hotwired.com）上出现了第一个横幅广告，这被视为数字营销的一个重要里程碑。毕肖普在 1995 年发表的《数字营销从战略规划开始》一文中首次使用了"数字营销"的概念，并讨论了互联网时代数字营销的兴起以及数字营销成功的十大策略。从此以后，数字技术日新月异，数字营销工具更是层出不穷，数字营销的研究也在不断发展，经过约 1/4 个世纪的推进，数字营销理论的"大厦"已经颇具规模。

什么是数字营销呢？对于数字营销的定义，各专家、学者莫衷一是。随着时代的变迁和技术的发展，数字营销的内涵和外延也在不断更新。早在 1998 年，有观点提出数字营销涉及两大方面，一是利用新的交互式媒体，在消费者和营销商之间建立新的互动和交易形式；二是将交互式媒体与营销组合的其他工具结合起来。2007 年，美国数字营销协会将数字营销定义为："利用数字技术开展的一种整合、定向和可衡量的传播，以获取和留住客户，同时与他们建立更深层次的关系。"另一种关于数字营销的观点是在 2008 年提出的：用相关的、个性化和成本效益的方式，使用数字分销渠道送达消费者，以促进产品和服务销售的一种营销方式。数字营销包含互联网营销中的许多技术和实践，还包括不需要连接互联网的其他数字渠道，如户外数字广告牌。随着时间的推移，2011 年，有学者进一步指出数字营销是利用数字分销渠道推广产品和服务的实践。2017 年，又有学者提出，数字营销是一种适应性强、由数字技术支持的流程，通过该流程，企业可以与客户及合作伙伴协作，共同为所有利益相关者创造、沟通、交付和维持价值。

国内有学者认为，数字营销是使用数字媒体推广产品和服务的营销传播活动，主要包括社会化媒体营销、移动营销、微电影营销、虚拟游戏营销、搜索引擎营销及电子商务营销等。也有学者认为，数字营销是在线营销，是利用网络技术、数字技术和移动通信技术等技术手段，借助各种数字媒体平台，针对明确的目标用户，为推广产品或服务、实现营销目标而开展的精准化、个性化、定制化的实践活动，是数字时代与用户建立联系的一种独特的营销方式。

本书认为，数字营销是借助互联网络、计算机通信技术和数字交互式媒体来实现营销目标的一种营销方式。数字营销将尽可能地利用先进的计算机网络技术，以最有效、最省钱的方式，谋求新市场的开拓和新消费者的挖掘。数字营销是基于明确的数据库对象，通过数字化多媒体渠道，实现营销精准化及营销效果可量化、数据化的一种高层次营销活动。

数字营销正以"技术＋数据"双轮驱动，对传统营销进行在线化和智能化改造，进而帮助企业构建消费者全渠道触达、精准互动和交易的数字化营销平台。数字营销的本质是借助数据与算法，利用营销资源，依靠实时数据跟踪，实现营销由粗放向集约发展；依靠中台的强大连接能力，实现渠道从单一向多元发展；内容策划和投放依靠数据算法进行提前预测，由经验决策变智能决策，最终帮助企业提高营销效率，使营销资源利用更高效，推广费用更合理。

数字营销更强调企业对新技术的运用，以及对互联网业务进行逻辑分析的能力，最终帮助企业更高效地利用营销资源，降低推广费用，实现业绩增长。

数字营销实现以消费者需求为核心的数字化体验创新，最终实现面向最终客户体验的触点创新。数字营销更强调对新技术运用、互联网业务逻辑分析的能力，赋予了营销组合新的内涵，是数字经济时代企业的主流营销方式。

## 2.1.2  数字营销的特点

数字技术的强大驱动力推动着产品、价格、渠道、市场、企业自身以及媒介组织形式等方方面面的更新和迭代，促进了各种形态的数字媒体的产生。在此背景下，媒介从传统媒体走向数字媒体、渠道由线下转为线上成为总体趋势，并形成了以精准化、个性化、定制化为特征的数字营销。

作为数字时代的一种独特的营销方式，数字营销拥有营销技术化、深度互动性、目标精准性、平台多样性、服务个性化与定制化、重实效及转化率等特点。

### 2.1.2.1  营销技术化

营销技术化的演进几乎重构了整个营销体系。从云原生、大数据到人工智能和区块链，营销技术正在不断地向前发展，而推动营销技术落地的则是一批行业数字营销公司，它们通过不断升级营销产品和服务，从而更好地匹配广告主的需求。

随着人工智能、AR（增强现实）、VR（虚拟现实）、物联网、大数据等技术的成熟，部分领先的营销企业已经开始应用这些数字技术提升消费者的体验，并降低运营成本。例如在实体店内部署人工智能设备，结合摄像头、智能货架、移动支付等手段，使店铺对消费者的外貌特征、产品偏好、情绪变化、消费记录等信息进行汇总，实现线下流量的数据化。苏宁的无人快递车"卧龙一号"、智能音箱"小 biu"等正是数字技术的产物。

从人工智能到新零售，数字技术在驱动消费变革的同时，也驱动品牌营销的升级，品牌营销亟待重构用户体验，力争做到以消费者需求为核心，实现品牌与消费者之间更紧密的连接。这也要求企业必须掌握更多的营销技术。

当下，技术开始影响品牌营销的更多环节，形成了技术与营销逐渐融合的新局面。技术之所以越来越多地影响营销，核心在于数据。利用大数据来"读懂"每个消费者的需求，可以进行更精准的个性化营销，提升消费者体验。

事实上，只将数据、技术和营销效果关联是极为片面的，数据、技术可以从客户关系管理、营销决策、投放等多个方面渗透到品牌营销全链路。数据可以驱动更加智能、更加协同的跨屏营销，一旦跨屏资源被打通，对多方数据进行分析及挖掘可以完成更加精细的人群数据处理，这将成为企业最为宝贵的资产。

受碎片化信息及渠道的影响，"数据孤岛"现象成为当下绝大多数企业的痛点之一，企业亟待整合多方资源，使数据流通起来。因此，企业建立自己的"大数据战略"尤为重要：加大对营销技术、数据等方面的投入，更自主地掌控营销，通过数据和技术打通多维营销场景，帮助企业认知完整而全面的消费者画像，从而科学地指导品牌决策，全渠道触达用户，让营销更加智能化、个性化。

### 2.1.2.2 深度互动性

数字技术下的营销面临转型，对于企业而言，需要通过数字营销提升企业的业绩，增强企业的核心竞争力。对于消费者而言，智能化、精准化的信息管理目标亟待实现。营销大师菲利普·科特勒指出，如今的营销正在实现以产品为中心向以消费者为中心，再向以人为中心转变，如何与消费者积极互动，如何使消费者更直接地参与品牌价值的构建过程，是企业在数字营销时代的营销新课题。这也带来了两个方向性的转变：一是消费趋势的转变，由功能导向型转变为参与体验式导向型；二是营销趋势的转变，由信息告知式转变为参与互动式。

互动性是数字营销的本质特征。在数字技术的推动下，绝大部分数字媒体都具有互动的功能，信息在其中沟通交互，使消费者能够拥有双向或多向的信息传播渠道。在这里，互动与传统传播模式中的反馈有一定差别，它是存在于信息传播过程中的一种特性，在两者之间通过媒介完成信息的传达后，受众不仅用信息反馈的方式做出回应，而且在此基础上完成与传播者之间的信息交流。

传播模式由直线模式转变为循环互动模式，使创意、营销与传播协同一体化。消费者在拥有更多权利的情况下，可以完成从信息的搜集、参与互动到购买、反馈的一系列行为。

在体验经济的大背景下，参与品牌的信息传播体验已逐渐成为吸引受众的关键诉求点，建立在经济发展基础上的消费者素养的提高，导致其对于品牌的分析、比较能力也有了相应增长。

商品的基本功能性诉求已经无法满足消费者对于商品价值的完整性感知，从传播的角度来看，图文设计的单向传播模式也逐渐变成通过给予消费者互动体验来完成传播的模式。

### 2.1.2.3　目标精准性

随着技术的进步，互联网时代的大数据技术解决了以前未解决的诸多问题，主要表现在两个方面：第一，技术上的进步使得大数据技术应用的成本大大缩减，降低了使用门槛。原来主要依赖 Oracle 等数据库，以二维表为基本元素，动辄使用大型存储设备和小型机，而现在采集大数据主要使用 HDFS 等分布式系统及内存技术替代传统的 IOE，但数据分析的思路和原理跟原来是一样的，即得到原始数据后首先进行数据清洗，再依据目标进行数据建模，建立各种数据集市，最后以报表的形式呈现结果。第二，数据的容量、速度、多样性及价值与原来不一样了。原来主要是结构化的数据，现在则可以有非结构化的数据，如日志、用户行为，甚至图片、声音文件，这些非结构化的数据可以很快地与结构化的数据相关联，所有发生的事件都可以用大数据来关联分析，有助于快速得出结果，使数据发挥更大的价值。

随着技术的发展，数字营销背景下的互联网个性化传播特征明显，从传统的大众化"一对多"广播式传播到如今的通过媒介属性定位消费者特征传播，以及通过消费者属性定位目标受众传播，从传统的注重渠道曝光的营销模式到如今的以消费者需求为核心的营销模式，企业正通过多维数据驱动形成精准营销，并在场景化、电商化的背景下，形成完整的营销闭环系统。

如何通过精准定位消费者实现资源的方向性投放，避免浪费，从而得到效果最大化，逐渐成为企业追求的目标。因此，目标精准性成为数字营销的又一特征。国内的众多一站式营销平台通过对大数据价值的智能挖掘，将消费者需求与企业的品牌营销目标有效结合，使品牌更积极、更主动地触达消费者。

目前，国内众多营销平台借助专业大数据分析技术，通过对渠道的投入产出比进行数据分析，再依据不同品牌的推广需求，对渠道进行再评估及整合优化，实现最大限度的精准营销。

精准营销包含数字信号处理（Digital Signal Processing，DSP）、用户画像、程序化购买、智能推荐等概念。精准数字营销可分为两个阶段：第一个阶段是通过精准推广获取更多数量的新客户；第二个阶段是通过精准运营实现新用户的成功转化，并在形成交易的同时，提升消费者对企业品牌的忠诚度。

精准营销的核心是用户画像，而用户画像的核心是标签。那么，标签是什么呢？具体来讲，某些用户喜欢健身，他的标签就是"喜欢健身、阳光"；某些用户穿的衣服是修身型的，他的标签就是"修身"。若系统为某个用户贴上了这个标签，那么等他下次来的时候，系统就会为他推送这类产品，比如健身器材、修身的衣服。

标签怎么来呢？来自大量用户的基本数据，主要包括用户数据、消费数据、商品数据、行为数据和客服数据等，任何跟用户有关系的数据都可以作为数据源。数据源可能会涉及数据交换，即从其他网站等渠道通过一定方法拿到需要的数据。数据管理平台得到用户基本数据后，就要做标签的管理，包括定义、编辑、审核、查询等，以及对应的分析工作。在此基础上再建立各种模型，包括用户购买力模型、群体画像模型、购买兴趣模型、促销敏感度模型等。通过系列模型得出的结果就是用户的标签，包括品类偏好、品牌偏好、促销偏好、价格偏好等。

精准营销的应用具体包括以下几个方面。

（1）个性化搜索。通过电商平台搜索"手机"，不同的人搜索出的结果是不一样的，因为不同的人有不同的喜好，比如有的人使用苹果手机，有的人使用华为手机，也有的人使用小米或者其他手机，系统会基于用户的行为来猜测用户想搜索什么。传统的搜索，若要搜索"手机"就只出现手机，然后加上一个业务权重，如果最近要推广苹果手机，就会把苹果手机的权重往上加，搜索出来的结果主要是苹果手机。个性化搜索不仅直接推荐用户想要的，也会猜测用户想要的然后进行推荐，相当于门店促销员的角色。

（2）社交传播。以微信广告为例，微信广告不是向所有人推送所有的广告。微信后台会有一个分析系统，它分析出有些人经常看汽车信息，就会给这些人推送汽车广告；有些人经常浏览衣服，就会给这些人推送衣服广告。自己收到的广告，周围人不一定都收到，这就是基于用户画像推荐的广告。

（3）热图工具。热图工具是企业内部使用的基于大数据进行分析的工具，主要显示哪些地区热度高、哪些品类用户比较关注等实时状态。

（4）会员营销。传统意义上的会员营销主要有发送短信、发送邮件、发放宣传单等方式，这些其实都是会员营销的应用，是基于大量数据分析的会员营销。

（5）智能选品。当用户打开网站或者手机 App 时，一个网站页面或者一个手机 App 页面上，哪些东西呈现在前面，哪些东西呈现在后面，这就是智能选品的结果，也是根据用户画像来做的，甚至显示的定价也是智能定价。

（6）DSP 广告。DSP 广告就是需求方的广告平台，简单地讲就是用户主动看过什么就会给用户推送相应的广告。比如，某用户看了一个杯子，接下来去浏览新浪、搜狐、微博等门户网站时，就会看到杯子的广告。

（7）个性化推荐。个性化推荐与网站推荐类似，不太一样的地方在于它是实时的。电商行业的转化率平均值是 3%，许多电商平台的个性化推荐转化率在 17% ～ 18%，有时候能达到 20%——已经算是很高的。转化率高说明推荐比较准确，核心就是用户画像比较准确。

近年来，大数据及人工智能技术使数字营销的作用发挥得淋漓尽致。依托为行业垂直深度定制的标签体系及大数据推荐算法，智能匹配系统完全可以通过营销端、客户端的用户画像和人工智能推荐算法，共同提炼一个包含用户心理态度、品牌、产品、媒体渠道调性特征等多种维度的创新性 IP 标签库，并进行动态交叉匹配，以制定最合理的资源匹配及传播策略。

### 2.1.2.4　平台多样性

随着消费需求的迭代升级，消费者看中的不再仅仅是产品本身，还包括背后的情感化满足与个性化匹配。许多曾在电视端投入大量精力并呈现诸多经典广告的企业开始做出改变，尝试利用新的营销方式抓住"90 后""00 后"等消费主力。而要真正抓住"90 后""00 后"，就必须在大数据算法和数字技术的驱动下，充分利用新媒体，掌握新的传播方式和内容营销方式。

数字时代，数字营销的渠道和平台逐渐多样化，除了传统的网站、App、微博、微信等社交媒体，还有迅速走红的移动直播平台、短视频等。

移动互联网的崛起，使得媒体进入了社交化时代。人人都是内容生产者，任何一个移动终端都成为传播渠道，而微信、微博、今日头条、抖音、快手等各种移动化应用成为用户交流消费信息的平台。

在媒介融合的生态环境下，数字化信息的承载与表达呈现多样化的特征，话语权的下放推动"人人都是自媒体"时代的来临。在这种大背景下，数字营销在丰富企业营销触角的同时也带来很多新问题，如多入口、多平台的管理与整合问题，以及各种渠道沉淀下来的数据分析与利用问题。企业在营销传播的过程中，需要关注每一类营销传播的主体和接触点，积极构建全方位的营销传播平台，从而打造品牌独有的信息传播生态系统。

### 2.1.2.5　服务个性化与定制化

在用户层面，得益于知识付费、移动电商、O2O（线上到线下）的推动，用户的消费认知和自主意识均在大幅提升，消费偏好也更加多元、个性，更加强调小而美，品牌与消费者的关系不再局限于单向的传播和影响，而是呈现交互共建的特征。

在数字营销时代的消费者洞察中，企业和品牌需要不断创新来保证产品的新鲜度，但产品本身的创新虽能提升产品自身的竞争力，却无法支撑品牌的全面发展。从消费者的角度出发，对产品进行从生产模式到终端平台的全方位营销创新，才能驱动品牌的长远发展和持续发展，而这种创新的源头正是对市场与消费者的洞察和研究。

服务个性化与定制化是伴随网络、电子商务、信息等现代数字技术的发展而兴起的数字营销特征。随着市场环境与消费者需求的变化，个性化消费、品牌体验式消费已成为消费升级的趋势，企业和产品营销需要与消费者进行更为深入的沟通及交流，打造"千人千面"的营销服务体验。服务个性化与定制化就是在大数据分析基础上，从策略层面精准定位数字时代的消费者，从而制定适合消费者的最佳营销方式。数字时代，用户不仅是信息的接收者，更是信息的传播载体，而不同用户的需求正是精准进行用户画像之后制定营销策略的本源。

以服务换数据的互联网产品设计思路，使得品牌能够获取多个平台上的用户数据，这成为提供个性化服务的前提。同时，由于消费者更加相信来自朋友和关键意见领袖（Key Opinion Leader，KOL）的口碑传播，购物社交化的倾向越来越明显，这也为品牌构建全维度的用户画像提供了社交数据。

### 2.1.2.6　重实效及转化率

迫于业绩和营收压力，宝洁、联合利华等传统广告主们开始不断裁撤外部代理商的数量，并优化广告预算；可口可乐等公司的营销负责人则积极由首席营销官向首席增长官（CGO）转型，市场营销从纯粹的成本支出转向更多关注销售转化和业绩增长，以至于"增长黑客"一时成为行业显学。

广告主和营销公司越来越"急功近利"。最明显的一个特征是，近几年，"品效合一"的概念越来越热，各方都在试图寻找实现品效合一的最佳解决方案，使品牌的长期价值和广告效果的转化更好地协同。2018年，全球最大的广告主之一宝洁公司调整与代理公司合作的模式，以获得更具本地化、时效性、高质量、低成本的广告。阿里巴巴集团旗下数字营销平台阿里妈妈在2017年提出了"品效协同"的概念，以此为卖点来吸引广告主。

市场的这种变化是大数据等技术的发展消除了原先广告主和营销公司之间信息不对称的问题所致，所有营销方法的可行性、广告投放取得的实际效果都可以在短时间内被验证。

微博、微信、抖音、小红书等新型移动社交互动平台的兴起，使所有的传播效果可以通过阅读数、转发量、点赞数等最直观的数字形式展现。广告主和营销公司对广告投放效果的追求都变得直接而急迫。

# 2.2　数字营销的发展历程

在数字经济时代，传统企业需要从市场营销、供应链、生产制造、内部管理等多个方面进行数字化转型升级，其中，营销作为最接近消费者、最容易为企业带来实际收益的环节，受到了各企业的重视，数字营销也成为企业数字化转型升级中市场受众最广、发展潜力最大的一个板块。2019年，中国数字营销解决方案的市场规模达到652.5亿元。同时，随着中国互联网用户的基本全面普及，用户已经习惯了使用社交软件、电子商务平台等，用户的基础观念与使用习惯已经养成，移动端正在成为数字营销发展的重要引擎。

## 2.2.1 营销生态及链条重构

在传统的营销链条中，产品从企业流转到消费者手里要经过品牌、市场、渠道及交易、消费及服务等环节。

在数字经济时代，由于消费的场景化、渠道的多元化、产品与服务的一体化，企业开始利用"互联网＋"思维重构营销链条。以客户价值为核心，打通研发、营销、销售和服务环节，通过对消费者进行全方位洞察和全生命周期管理，使业务与数字形成营销闭环，达成业务到数字的一体化、数字到业务的运营化，从而提高获客数量、提升客户价值。

重构数字营销链条，首先，要打通所有销售通路，包括渠道类（B2B）、电商类（C2C）及线下门店类（O2O），将客户信息、商品信息、交易信息、合同信息等汇聚到统一的平台上；其次，通过对数据的多场景分析，管理用户生命周期，判断用户运营策略，根据用户消费习惯和行为分析实现精准场景、精准渠道、精准业态的营销活动，根据数据分析和运营结果支持新产品研发、营销决策、业务运营，从而提升企业发展的新格局。

## 2.2.2 数据构建营销竞争力

在信息时代，智能传感器、移动互联网、物联网等技术的发展使数据的产生速度、产生规模出现了爆发式增长，使数据进行低成本的生成、采集、传输、存储成为可能。同时，大数据、人工智能等技术的发展极大地提高了数据处理效率，使海量的非结构化数据的清洗、分析、使用成为可能。数据成为信息时代最关键的生产要素，谁掌握了数据，谁就在市场竞争中占有优势，数据的获取、分析、使用能力成为数字营销开启市场的关键。

在数字营销中，广告主掌握着用户画像、销售报表等第一手核心数据，数字媒体掌握着以投放效果为主的第二方数据，第三方监测机构及相关技术公司掌握着第三方数据资源，而大部分数字营销公司只有在代理相关广告业务时，才有可能从这三方获取相关的部分数据。数据来源的不充分为营销方案的合理推导增加了难度，其预估效果的准确性也难以保证。在以消费者为中心的互联网时代，采集到符合标准的用户数据无疑将为后续的数据分析提供极大的便利。同时，数据越丰富，越能提高发现问题和改进流程的可能性。拥有自己的数据工具，将业务和数据紧密地整合在一起，利用数据对业务进行持续性调整和改进，是数字营销取得良好效果的基本要求。目前，仅有一小部分拥有良好技术基础的数字技术公司具有采集、分析核心数据的能力；大部分独立的数字营销公司，因为资金、人员、技术服务能力较弱，对接的互联网资源较少，服务质量难以保证，凭借自身力量进行数字化转型的困难较大。由于把握核心数据的能力缺失，数字营销中介被边缘化的趋势明显。

## 2.2.3　大数据、AI 赋能营销

人工智能、云原生、大数据、机器学习等一系列前沿技术不断发展，并在医疗、制造、安防等传统行业领域得到广泛应用，企业数字化转型逐渐在各个行业爆发。我国宏观经济的下行压力、经济结构的转型升级推动生产要素成本上升，同时激烈的市场竞争、用户多元化消费习惯的养成、行业盈利点的转变等也倒逼企业进行数字化转型升级。在此背景下，我国涌现出阿里巴巴、腾讯、华为、海尔、海康威视等一批优秀的企业数字化转型实践者，从市场营销、供应链、生产制造、内部管理等多方面为企业提供数字化转型解决方案，企业数字化转型行业生态初步形成，我国正在逐步成为数字化变革的引领者。

数字营销正在被数据所驱动，传统的单一渠道已不能支撑市场的变化。打通全渠道，让数据孤岛融入场景，将数据转换为个性化营销、差异化服务成为企业新一代的竞争利器。通过大数据、人工智能等技术手段，精准找到目标客户，并根据历史表现数据和行业参考数据的沉淀，科学地计算边际递减效应的最佳临界点，从而以更有效的方式触达消费者，再利用更原生化的方式来整合广告和内容去影响消费者。其中，大数据能力与技术是实现数字营销变革的基石，通过构建用户画像、结合推荐算法构建消费者全触点场景，精准触达消费人群。此外，大数据营销监测可以实现营销成果转化追踪，实时修正营销方案，进一步吸引消费者，促使消费者做出购买决策。

海量数据的产生、深度学习算法的演进、图形处理器在人工智能领域的使用，以及专用人工智能芯片的开发，使人工智能技术得以成功商业化。目前，人工智能技术已经在搜索引擎、图像识别、新闻稿撰写和推送、金融投资、医疗诊断、无人驾驶汽车等诸多领域获得实际的应用，并为企业创造出真正的价值。

在数字营销领域，智能创意、智能营销成为当下热词，人工智能技术在一定程度上剥夺了数字营销公司赖以生存的创意和策划能力。人工智能技术能够在挖掘并积累大量用户数据的基础上，从核心用户群数据中提取有用的消费者洞察，形成用户画像。通过大数据分析和人工智能算法剖析得出消费者行为偏好，为个性化产品推荐和媒介选择提供决策依据，在实现用户洞察的基础上进行精准营销，让数字广告投放更加精准、高效。同时，基于机器学习算法，人工智能成功实现了程序化广告的投放和程序化创意的制作。与机器相比，人的作用越来越渺小。

过去，机器和软件被广泛引入工厂，手工艺人与体力劳动者逐渐感到他们的身份和角色受到了威胁。如今，程序化创意的流行也使创意工作者的独特性受到了影响。面对不断增长的内容营销需求，如何运用新技术进行创意制作和精准投放成为传统营销人面临的难题，缺乏技术、产品和运营思维的数字营销公司将面临生存风险。

在创意数据驱动之下，人工智能正在通过语音识别、图像识别、趋势预测、深度学习和异构数据为营销带来前所未有的创新。数据驱动的人工智能营销首先带来创意能力的提升，为营销带来了精准的用户分发能力，能够讲述更多成功的品牌和消费者故事，同时也为品牌打造了更为友好的用户互动界面，而实时数据的运用更能让营销大放异彩。如今，消费者的心动时刻越来越随机与分散，有数据显示，目前品牌与消费者的接触点年增长达 20%。许多购买决策产生于资讯、娱乐、场景关联、口碑传播等非商业场景，在互动体验、社群交流、"网红"评测、开屏曝光、明星推介、户外屏幕等环节中，每一个接触点都有可能直接转化为购买行为。在数据驱动之下，利用"心""智"双引擎构建整合营销，能够更好地帮助代理商和企业实现购买行为的转化。

2017 年 9 月初，IBM（国际商业机器公司）为麻省理工学院出资 2.4 亿美元建设人工智能研究实验室，成为全球人工智能研发领域一次大手笔的投资。此前，IBM 的人工智能"沃森"为某品牌制作上千条创意广告并通过 Facebook（脸书）投放的"神操作"已经震惊营销业界。Facebook 也在声明中表示正在使用人工智能技术识别、捕获和校验虚假广告，并且已经撤下了成千上万条对用户产生误导的虚假广告。同时，Google（谷歌）将人工智能与广告科学融合并应用于零售业的案例也吸引了业界的关注。

当今时代，数字化趋势已不可逆转，每天人们观看的电视剧、综艺节目的背后大有"学问"。在数据的加持下，经过科学选择的品牌和代言人互相助力能带来双赢效果，人工智能将给数字营销应用带来无限的想象空间。数据的使用正在智能化，人工智能技术将大幅提高数据的精准性，让原本无法挖掘的数据被运用。在 20 世纪 90 年代的美国沃尔玛超市中，管理人员分析销售数据时发现，啤酒与尿布经常出现在同一个购物篮中，因此尝试将两者摆放在同一区域，从而获得很好的商品销售收入。背后的原因是当家里面有了小孩子之后，买尿布的任务往往由年轻爸爸去完成，年轻爸爸在买尿布的同时就会顺便买啤酒。上述经典案例可谓营销大数据思维的起源，但当时发掘数据的关联性完全是依靠人工来比对。将来，随着数据应用技术的革新和发展，关联数据在人工智能技术的加持下，将实现"千人千面"，精准推送。

人工智能对于品牌营销的影响会是渐进式的，将在以下几个方面发挥明显的作用。

（1）精准化数据支持。对于广告主而言，营销或许从未像现在一样众口难调，"一场全案营销打天下"的传统营销方式已经成为过去式。在人群越来越精细化、媒介环境越来越复杂的今天，找到"TA"和找对"TA"变得越来越难，而技术的发展可以更好地解决这一难题。人们通过技术将大量的数据存储起来，再通过技术算法追踪用户的行为路径、生活习惯，从而更精准地分析和理解用户需求，产生个性化的营销方案。

（2）强交互体验。在营销层面，人工智能技术带来的最直接的变化就是使用户在营销体验时更有代入感，得到更沉浸式的体验。被人工智能赋能的创意可以使用户和广告直接互动，甚至可以让用户主动参与其中。

（3）丰富了创意的表现形式。与传统的创意表现形式相比，融入人工智能技术后的创意有更多的呈现形式。比如"可口可乐——探寻城市秘密"这一案例，通过扫码即可体验不同城市的文化。

（4）精准触达，让效果可视化与可检测。衡量营销效果的标准必然是营销效果的转化。随着广告主对效果要求越来越高，可通过技术的加持，精准投放广告，有效识别、过滤虚假流量，反映更真实的营销效果。

人工智能技术为营销带来最直观的变化，不仅将数据、技术、内容融合在一起，还通过语音、图像等与用户进行深度交互，最终利用动态分析能力，与消费者多层次沟通，实现品牌传播和效果精准转化，助力营销效果最大化实现。

百度已开放了包括图像识别、人脸识别、AR 在内的 110 余种人工智能交互技术，很多案例结合人工智能技术实现了多种营销模式。比如很多案例都采用了全意识整合营销数字平台 Omni Marketing，将百度人工智能技术与整体营销体系紧密联结，将人工智能技术融合在营销前期、中期、后期乃至整个闭环中。

随着人工智能时代的到来，整个营销领域都将发生翻天覆地的变化，它不仅会影响绝大部分企业的营销行为，而且会影响每一个消费者。技术的升级迭代、数据的管理分析、创意内容的生产以及传播的动态匹配，这些都是品牌营销必须关注的新趋势。

## 2.2.4　物联网重构触媒习惯

在当前技术环境下，支持移动传输的 4G（第 4 代移动通信技术）、5G 通信网络已得到广泛应用，卫星通信和卫星定位成本大幅度降低。手机、平板电脑等智能终端的普及率远远超过台式计算机等固定终端的普及率，传感器的精度更高、更加智能，通信网络更加泛在化，使万物在任何时间、任何地点实现互联成为可能。

通过全方位链接用户生活设备，营销者可以精准获得海量用户的线下消费行为、媒介接触习惯及日常生活场景等信息，并根据相关数据将营销的内容与用户所在场景完美结合，实现对不同场景下的用户智慧触达，将大数据技术应用于消费者个人。数字营销势必向场景化、个性化方向发展，遵循传统营销思维习惯、将不同媒介分散组合的营销策略已不再适用于当下的市场环境。

## 2.2.5　区块链加速去中介化

在数字营销市场规模持续、快速增长的趋势下，区块链技术的兴起无疑为数字营销市场带来了一股颠覆式创新的力量，它创造了一种去中心化、分布式存储、全球统一的超级数据库系统，将产业链上下游联结在一起，构成了一个完整的利益链条。这种去中心化、分布式存储的数据库技术具有公开透明、共同维护、去信任化、安全可靠等特性。在数字营销领域，区块链技术可以将数据加密并分割成小块分布在众多节点上，即使某一部分的数据泄露，其他节点上的数据也不会受影响，保证了数据交易的不可篡改和来源的可靠性。

区块链技术通过数学原理而非第三方中介来创造信任，可以降低系统的维护成本，同时，去中心化的存储平台具有极高的隐私性，用户可以选择将一部分愿意分享的数据有偿分享到平台上，使数据共享真正实现市场化，数据来源变广，数据泄露的风险反而更低。用户的海量脱敏数据注入营销市场，可以切实降低参与各方的信息不对称。此外，智能合约技术帮助广告主、媒体、用户等相关利益方全链路、全透明地关注广告投放的全过程，从技术上解决了流量作弊问题。在这一过程中，数字营销公司的职能几乎可以被完全替代，使去中介化的实现在技术上成为可能。

## 2.2.6　5G 技术助力数字营销

近年来，我们已经见证了太多技术发展带来的变革，未来将变成什么样？5G 时代，营销又该如何创新才能促进企业发展？

基于 5G 技术，沉浸式 VR 交互技术将为用户打造身临其境的购物体验。流畅的场景式购物体验离不开 VR 技术的沉浸感属性和标准化制作过程，也离不开安全、便捷、高速的 5G 网络服务。以中国电信为例，依托高安全、低成本、大容量的云网协同技术优势，中国电信整合 CDN（内容分发网络）云服务和天翼云 VR 平台功能，短时间内为因新冠疫情按下暂停键的商业综合体和代理商打造 360°全景虚拟导购平台。用户利用手机便可随时随地享受云货架、云橱窗、云逛街等沉浸式购物体验，与心仪的商品深度互动，点击即可查询每款虚拟商品的实时价格、限时特惠活动、会员权益信息等，在轻松、自然的娱乐环境中完成整个线上购物过程。

VR 在线虚拟购物不同于传统购物平台中平面、静态的商品展示模式，5G 手机、智能机器人、智能家居等终端使产品的展现极具空间感，视野开阔，360°全景、720°无死角，产品介绍、5G 套餐权益和终端品牌活动详情也一目了然，让人感到真实、有趣。

此外，5G 技术将打通多终端，形成社交传播与粉丝的裂变，提高商户营销转化。除了增强用户线上体验感，如何让商户在自有会员流量池的基础上扩充粉丝数量也是各大虚拟商店门户需要考虑的问题。在线虚拟购物打通现有电商平台，通过手机微信、VR 设备多终端的社交分享传播裂变特性，能够有效地帮助商户扩大消费规模，降低运营成本，提高营销转化率，并同步提供云服务、完整的创作工具和配套的技术支持，包括培训教材、各类模板和图标，以及即时的在线响应技术支持服务。

就商业创新而言，5G 意味着思维模式的转变，从单屏思维到混屏思维，从二维世界到三维世界，从数据智能到数字智慧，从单一场景到多元场景，5G 创新营销思维将成为主导。5G 也将进一步驱动人工智能技术的升级，让技术也具备情感。调查显示，消费者对 5G 的应用充满期待，50.5% 的消费者对家庭 5G 宽带服务更感兴趣，42.1% 的消费者对极致的高清视频体验感兴趣，39.2% 的消费者对 AR、VR 内容感兴趣，除以上内容外，消费者还对 5G 智慧屏、智能家居和自动驾驶等感兴趣。

随着消费者对智能化应用的依赖，很多企业已经率先开始探索 5G 的相关应用。例如，华晨宝马在沈阳生产基地进行 5G 网络建设，打造了 5G 工厂；海尔推出海尔智家品牌，打造基于 5G 网络的智慧家庭体验中心——海尔智家001 号店，设置了包括智慧客厅、智慧厨房、智慧卧室、智慧浴室、智慧阳台5 大生活空间在内的全智慧化家居新体验，给予了家居生活新定义。这些案例都展示着 5G 即将带来一个全新的万物互联世界。

## 2.2.7　信息流广告成为重要形式

信息流广告是指一种依据社交群体属性，根据用户喜好和特点进行智能推广的广告形式，是移动互联网时代信息流商业化的形式之一。在移动互联网时代，信息流逐渐成为用户获取信息的主阵地，而信息获取社群化、决策场景化和行为碎片化已成为用户的典型特征，以企业为主导的强说服性广告沟通范式已无法吸引更多用户，以用户为主导的信息流广告形式应运而生。

大数据挖掘技术的发展为信息流广告的诞生提供了技术基础。移动终端的广泛应用推动了消费者网络使用习惯的改变。同时，消费者从过去的主动搜索内容转变为接受技术、算法推送的内容，这一切都为信息流广告的发展提供了社会土壤。广告主对广告效果的重视及对移动端的广告投入增长，促进了信息流广告市场的爆发。

信息流广告的推广始于美国市场，早在 2006 年，Facebook 就推出了信息流广告。2011 年，Twitter（推特）正式推出信息流广告。2014 年，Facebook

超过 50% 的广告营收、Twitter 超过 70% 的广告营收来自信息流广告。相比而言，我国的信息流广告行业刚刚进入高速发展期。

信息流广告用户以 30 岁以下的一、二线城市男性青年为主，这些用户经常在看新闻资讯时浏览信息流广告，超六成用户关注新闻资讯中的信息流广告。未来，信息流将成为广告的主要承载模式，市场价值会进一步增强。

在我国，凤凰网于 2012 年首次引入信息流广告，此后信息流广告在中国移动互联网领域迎来爆炸式发展。经过多年的市场鏖战，腾讯、字节跳动、百度等首批玩家逐渐占据信息广告市场头部，用户习惯已得到培育，市场趋于成熟、稳定。2019 年，多个搜索引擎、浏览器、短视频等垂直类平台相继推出信息流广告，阿里电商也接入信息流广告，标志着我国信息流广告市场正式步入新阶段，精细化运作成破局关键。

信息流广告通过数据收集和技术算法，将用户兴趣与广告进行智能匹配，具有品效合一的特点，更加迎合了广告主与消费者的需求，从而在业内引起激烈的市场竞争。2016 年，阿里巴巴、腾讯、今日头条的信息流广告营收超过百亿元，位于信息流广告市场的第一梯队；百度、微博、凤凰网、搜狐的信息流广告营收规模为 10 亿元级别，组成了信息流广告市场的第二梯队。此外，众多垂直网站、短视频媒体等都逐渐加入信息流广告市场的竞争中。产品能力、流量能力、技术能力成为影响信息流广告市场格局的主要因素。产品能力，即信息流产品的设计、用户规模、用户停留时长等；流量能力，即产品内部内容生态是否能带来更大的流量聚集；技术能力，即大数据的收集和技术算法能否精准地针对受众进行广告推送，并适当提高受众对广告的接受度和关注度。

随着移动互联网的潜能不断释放，广告主对于移动广告的投放需求将持续增加，需要有更加精准的广告投放方式，未来移动广告市场规模仍有增长空间。信息流依靠精准传播、高转化率的特点成为广告的主要承载模式，其原生的形式使广告在不破坏用户体验的前提下为广告主提供有价值的信息，降低了用户对广告干扰性的感知，提升了用户信息处理的流畅性。

信息流广告市场格局明朗，行业进入生态竞争时代。头部企业利用资源优势打造生态产品矩阵，信息流广告行业竞争已上升至生态级别。其中，腾讯拥有超级社交流量产品，而阿里则覆盖资讯、搜索等多个场景，分布在不同领域展现竞争优势。55.6% 的网民主要在看新闻资讯时浏览信息流广告，新闻资讯成信息流广告最主要的传播场景。阿里巴巴、腾讯、百度、字节跳动等信息流广告头部企业争相布局该领域。

自 2017 年起，抖音推出原生信息流品牌广告，对外宣布启动商业化，此后，短视频信息流广告成为众多企业争抢之地。如今，强碎片化、高沉浸感、高转化率的短视频已成为信息流广告的新兴展现形式，短视频开始融入电商、资讯等细分场景，例如，淘宝网站内接入短视频，为买家提供好看、好玩的互动式购买情景。值得注意的是，庞大的短视频流量也吸引了不少灰色产业前来掘金，不少短视频平台、栏目出现强利诱、软色情，甚至是诈骗性的信息流广告，致使用户体验大打折扣，用户利益遭到损害。因此，如何平衡用户体验和企业收益是未来信息流广告平台面临的巨大考验。

目前，BAT（百度、阿里巴巴、腾讯）、以今日头条为首的新兴应用平台以及新浪、网易等传统门户均在积极布局信息流广告市场，垂直类平台如短视频应用平台也在纷纷试水，三梯度的市场竞争格局初显。头部企业凭借资源优势将信息流广告的业务版图边界不断延展，主流场景新闻资讯、垂直类场景短视频、浏览器等均有信息流广告渗透，各产品间均实现资源互通，信息流广告生态正不断完善。未来，广告资源会进一步向头部集中，头部企业将面临生态竞争，尾部垂直类平台也将迎来发展机遇。

就未来发展而言，BAT 均已形成相对完善的信息流产品生态圈，它们拥有更大的用户规模，并且具有更完整的产品矩阵来吸引流量。今日头条、爱奇艺、微信、UC 浏览器等产品能更多地占用用户使用的时长。信息流广告的出现为广告主提供了更有效的广告形式，由过去的图文广告发展为图文＋短视频广告的新形式，在移动场景中与受众的交互形式更丰富，同时为媒体平台节约了广告库存，也使消费者更容易接受广告。因此，信息流广告在未来仍将取得更大发展，甚至成为未来移动营销的主要形式。值得注意的是，广告主的大量涌入及媒体平台的混杂，会导致广告内容审核的监管障碍，造成虚假、低俗、诱导性广告的出现，这将是信息流广告发展过程中面临的重要问题。

信息流广告依托强大的数据追踪技术，进行信息和人的高度匹配，实现个性化体验，有助于提高广告转化率。内嵌在社交流媒体中的信息流广告往往具有强交互性，用户与品牌间更具黏性，最终有利于品牌形象的塑造和品牌价值的传播。总体而言，信息流广告对用户、广告主、广告平台以及整个产业链上的主体均有重大价值，未来仍存在广阔发展空间。

## 2.2.8　短视频激发用户分享

在过去的 20 多年间，互联网内容从文字到图片再到视频不断更迭，并形成日益复杂的组合，表现形式更加丰富，互动性和可视性越来越强。随着数字技术的发展和用户习惯的改变，从长视频到短视频内容，内容生产的门槛越来越低，从 PC（个人计算机）端到移动端，受众观看与制作的便利性却越来越高。2017 年的一项调查显示，美国收看过视频资讯的用户比例为 30.8%，而我国视频资讯的渗透率则达到 61.8%。我国消费者已逐渐养成对视频资讯的消费习惯。

与直播、长视频相比，短视频的短小精悍更符合当下时间碎片化场景需求，受众在短时间内即可观看并分享视频，周期更短。同时，视频长度的缩短降低了制作的门槛，普通用户即可随时用移动设备拍摄、制作视频，短视频成为受众更乐于传播的社交语言。与传统图文广告相比，在内容营销的时代，品牌更需要用情感和角色来打动用户，更具三维立体感的视频语言可以让用户更真切地感受到品牌传递的情感，这就意味着品牌使用短视频作为与用户交流的语言将更容易被受众接受，更容易实现品效合一的传播效果。

短视频行业首先出现在美国。2011 年 4 月，Viddy 正式发布了移动端视频社交应用产品，定位为"创建和分享视频的有趣简单方式"，帮助用户及时拍摄、快速生产、便捷分享。同时，它与 Facebook、Twitter、YouTube 等社交媒体平台实时对接，用户之间的及时交流从互发文字、图片、语音发展到互发视频。与之类似的应用还有大规模争夺用户的短视频分享软件 Vine 和开始拓展短视频分享业务的传统图片分享应用 Instagram。除此之外，目前国外的 App 平台上还有 KeeK、MixBit 等类似的短视频社交应用。

我国的短视频行业在 2015—2016 年迎来爆发，成为新时代互联网社交平台之一。2016—2017 年，短视频行业保持快速增长，成为移动视频的新爆发点。从社会环境来看，我国移动互联网的发展逐步成熟，用户在移动端的使用频次已大大超过 PC 端，智能手机的普及为短视频的传播搭建了良好的平台。同时，社交媒体的普及使用户更加热衷于体验分享与评论带来的自我满足，以娱乐的态度获取资讯。在经济环境方面，短视频行业得到了大量投资，融资多集中在 A 轮和天使轮，投资方向集中在内容创作和社交分享等领域。在技术方面，5G 网络的推广为短视频的发展带来机遇，流量、宽带费用降低，智能移动终端的拍照、摄像技术不断增强，短视频的制作、分发、观看门槛越来越低……这一切都为短视频行业的发展带来了机会。

2017 年 11 月 22 日，今日头条 CEO 张一鸣在今日头条创作者大会上宣布，今日头条旗下所有短视频产品总播放量超 100 亿次。截至 2017 年 10 月，今日头条与西瓜视频的日均视频播放量达到 30 亿次，较上年同期增长了 170%。2017 年 10 月腾讯企鹅智酷发布的调查报告显示，有 40.8% 的用户认为短视频广告的体验相对更好，首次超过图片广告。

目前，我国短视频社交平台分为综合平台、分享平台和推荐平台三类。综合平台集视频的制作、发布、播放和社交功能为一体，如快手、美拍；分享平台主要为大量流量聚集的社交媒体平台，如微博、朋友圈、QQ 空间；推荐平台包括今日头条等资讯内容分发的平台。

短视频内容的生产者有普通用户、专业经纪公司包装的"网红"群体，也有专业的视频制作公司。短视频内容生产正向组织化、垂直化和个性化方向发展。美妆、美食、生活方式等垂直领域的创作者有望集中发力，搞笑娱乐类的题材逐渐减少，同时受众群体将更加细分化、社群化。

受众对于高质量、感兴趣的内容营销接受度比以前更高。对于广告主而言，如何选择头部 IP 制作符合品牌调性并能打动用户情感的视频内容，如何准确地找到平台入口实现流量变现，成为重要的课题。

目前，短视频行业进入成熟期，手机流量资费下降、智能手机硬件性能提升及算法分发的应用推动短视频行业快速爆发。经过近几年的发展，短视频用户规模已超 8.5 亿，用户使用时长在移动互联网用户使用总时长中的占比已达 10.5%，已成为移动互联网最重要的流量高地之一。

目前，短视频行业的竞争格局趋于稳定，短视频平台海外布局成果已经逐步显现。短视频行业的算法推荐持续优化，多频道网络（Multi-Channel Network，MCN）快速崛起。短视频由于其多数碎片化时间的泛娱乐消费，算法分发可以很好地帮助用户从纷繁的内容中进行筛选及决策。MCN 的崛起将提升 PGC（专业生产内容）和 PUGC（专业用户生产内容）的质量，抖音、快手认证 MCN 已经获得了良好的成果。

此外，短视频＋社交＋电商成为发力点，短视频平台基于兴趣，以头部主播为中心的陌生人弱关系社交闭环已形成，未来短视频平台将不断强化以头部主播为中心的社交体系扶持。传统电商流量红利已经见顶，短视频拥有巨大的流量，又急需拓展变现能力，所以短视频＋社交＋电商变现模式逐步成形，并快速发展。

短视频不仅是长视频在时长上的缩短，也不只是非网络视频在终端上的迁移。当前语境下的短视频具备创作门槛低、社交属性和互动性强、碎片化消费与传播的特性。和长视频相比，短视频在互动性和社交属性上更强，成为消费者表达自我的一种社交方式。和直播视频相比，短视频在传播性上更强，便于全网内容分发和消费。

短视频行业近年来的快速发展是外部环境和内部驱动力共同作用的结果。

其中，外部环境对短视频行业的推动表现在 2 个方面：第一，短视频监管力度加大，规范了行业生态，促进了行业的良性发展；第二，智能手机和 4G 网络的普及，打破了视频消费的时间和空间限制，是短视频得以发展的土壤。

而短视频行业的内部驱动力表现在 3 个方面：第一，短视频比图文承载的信息量更大，表达内容更丰富，成为用户更加喜欢的内容传播方式；第二，内容生态日益规范，短视频内容的数量和质量都得到很大提升，也吸引了更多的用户参与短视频的生产和消费；第三，短视频商业模式的想象空间大，流量获取成本低，吸引了大量资本进入，平台补贴扶持内容生态，驱动行业发展。

目前，短视频行业商业模式主要为广告变现、电商变现和用户付费，其中广告是应用最多的变现方式，而内容机构青睐电商变现。未来，垂直内容付费是用户付费突破口。

未来，短视频行业在垂直领域的内容将愈加丰富和细化，同时短视频平台将迎来洗牌期，内容分发渠道将更加精细化，内容推荐机制将更加智能化，短视频营销也将更加规范化。

## 2.2.9  内容营销成为行业重点

内容营销是指以营销为目的，以内容为载体的商业传播行为，随着各个内容时代的发展，内容营销的范畴和类型也愈加丰富。尤其在网络内容时代，内容营销在传播上的爆款效应愈加频繁，在内容上的长尾价值凸显，在效果上品效合一的结合也愈加紧密，各类互联网平台也开始不断探索和创新内容营销布局，带来了更加丰富多彩的内容营销玩法和生态。

互联网重构了用户浏览内容的习惯与偏好，基于社交媒体的去中心化内容传播已经成为当前重要的传播方式。因此，内容营销的发力点也不再仅仅作用于内容本身，而是深入内容传播的各个链条和场景中，甚至创造新的衍生内容来服务于内容营销，最大化地扩大内容营销的传播效果。可以说，广告主未来内容营销的策略重心不只是在内容中更好地呈现营销信息，更要在内容外设置更多的营销信息传播点，让内容营销本身能够成为被讨论和分享的传播爆款。

随着媒体环境的丰富和用户内容偏好的多元化，要打造覆盖各个圈层的主流受众的头部内容将是一件越来越困难的事情。一方面，少量的头部内容变得愈加珍贵和稀缺，成为各大广告主热衷的内容营销合作伙伴；另一方面，过于密集的合作品牌和营销信息也会让用户的注意力分散，影响实际的营销效果。从内容营销的角度来看，尽管未来头部内容的营销价值仍在，但广告主应该更多地结合自身品牌特征、目标受众以及营销诉求，寻找小而美的中长尾内容展开内容营销合作，在拥有更多创意空间的同时，也可以对垂直领域的用户群体产生深度更大的情感链接。

内容营销可以承载深度更大、内容更丰富的营销信息，同时能够结合内容产生更强的情感共鸣，因此当前广告主对内容营销的价值期望仍然主要集中在建立品牌形象、传达深度营销诉求、建立用户情感链接的目标上。而随着媒体方的不断发展和努力，内容营销的价值也开始突破品牌传播的枷锁，通过增加内容消费属性、强化即时转化的便捷性、打造消费内容场景等方式实现广告主销售转化的诉求。因此，未来广告主对内容营销的价值认知和评估体系也会更加丰富、成熟，会更加综合地评价内容营销在各个维度上带来的营销效果。

在营销方式的对比中，内容营销成为广告主关注度及落地成功率最高的营销方式；在广告形式的对比中，植入广告成为最被业内看好的广告形式；在社会化营销重点推广形式的对比中，社交内容的传播被推向了最受重视的位置。内容，成为营销者公认的、最值得关注的营销话题，随着内容创作的爆发，高价值的内容获取反而成为难题，资讯爆炸带来的劣质信息泛滥的问题，已成为用户的痛点。在消费者注意力越来越碎片化的情况下，只有优质内容才能引起消费者共鸣，自带话题激起消费者主动转发，才能在消费者心中留下长久的印象。

## 2.2.10 数字中台支撑营销架构

在互联网时代，当数字化成为企业的核心战略，如何实现业务数字化，如何使数据赋能企业业务转型升级，如何提升企业数字资产的价值，成为制约企业发展的瓶颈。在此背景下，数字中台成为指导企业数字化转型、实现数字营销的重要方法。数字中台是基于企业级互联网及大数据架构打造的数字化创新平台，包含业务中台和数据中台。一方面，数据中台可以在云厂商提供的运行机制和基础架构下，支撑企业新零售业务应用的标准化及快速定制，同时为企业提供大数据采集、管理和分析能力，实现数据精细化运营。数据中台可以将企业内外割裂的数据进行汇聚、治理、建模加工，消除数据孤岛，实现数据资产化，为企业提供客户立体画像、商品智能推荐、业务实时监控，助力企业实现数据驱动业务。另一方面，业务中台不仅可以将不同系统中实现相同功能的服务聚合起来，统一标准，统一规范，统一出口，实现企业业务的整合；还可以通过服务的聚合实现资源与能力共享，支撑新应用与新业务的快速开发与迭代，以满足用户需求的快速更新。通过数字中台构建的客户触点体系可以帮助企业客户实现业务数据化、数据业务化，赋能企业智能化，全面实现数字营销。

在以消费者为中心的时代，企业的数字化应用发生深刻变革。原来以系统为核心的建设模式中，业务和数据被烟囱式 IT 系统分割到了不同系统中，相互之间不能完全共享数据。一旦业务变更，产生新的应用需求，这种烟囱式的体系架构难以支撑业务变化与创新。同时，以消费者为中心的应用系统面临巨大的性能挑战，传统架构难以应对海量数据的并发，因此向分布式、平台化转变成为变革的方向。分布式架构的灵活性、可扩展性，以及能承载海量用户的能力使云平台成为必然选择。为了支撑业务迭代创新，以阿里巴巴、腾讯为代表的互联网巨头开始实施中台战略，引入数据资源整合与交换中心、共享服务中心，即数据中台与业务中台，以支撑数据交换与业务交互。通过中台将共性需求抽象化，通过解耦和组件化方式保证整个系统的各种业务应用以微服务方式进行交互处理，可保障业务随着场景发展而迭代，给用户带来全新体验并提供个性化服务。

# 2.3　数字时代消费者的决策路径

消费者决策路径从大众媒体时代的"人找信息"、被动接受广告到数字营销时代的"信息找人"，营销信息越来越精准地到达目标受众，并追踪效果。消费者的消费决策路径发生着变化，营销方式和方法也在不断更迭。

## 2.3.1　AIDMA 路径模型

AIDMA 是消费者行为学领域很成熟的理论模型之一，由美国广告学家 E.S. 刘易斯在 1898 年提出。AIDMA 模型下的消费者决策路径，是指消费者从看到广告，到发生购物行为之间，动态式地引导其心理，并将其顺序模式化的一种法则（如图 2-2 所示）。

图 2-2　AIDMA 路径模型图

## 2.3.2　AISAS 路径模型

互联网兴起后，AIDMA 模型逐渐失去了作用。2005 年，日本电通集团提出了新的消费者行为分析模型——AISAS 模型，即 Attention（注意）、Interest（兴趣）、Search（搜索）、Action（行动）、Share（分享），更加适用于解释互联网时代的消费者购物决策分析历程（如图 2-3 所示）。AISAS 模型当中的两个"S"，是互联网时代营销模式的一个突破点，凸显现代互联网中搜索和分享对用户决策的重要性，也标志着互联网对用户购买决策行为的改变。

图 2-3　AISAS 路径模型图

### 2.3.3　5A 路径模型

2017 年，"现代营销学之父"菲利普·科特勒在《营销革命 4.0 ：从传统到数字》中提出了著名的"5A 客户行为路径"理论。该理论关注消费者与品牌的互动、消费者与消费者之间的横向交流、消费者对品牌的拥护程度，鼓励品牌主在营销时，把精力放到增强互动、改善渠道和改善用户体验上，通过优化品牌与消费者的关键触点，促使消费者产生质变（见表 2-1）。

5A 模型即 Aware（了解）、Appeal（吸引）、Ask（问询）、Act（行动）和 Advocate（拥护）。

表 2-1　5A 路径模型表

|  | A1 了解 | A2 吸引 | A3 问询 | A4 行动 | A5 拥护 |
|---|---|---|---|---|---|
| 用户行为 | 客户被动地接受着来自过去产品体验、营销互动及其他人的体验等多方面的各种产品信息 | 客户处理已知的信息，将其加工成短期或者长期信息，并选定几个中意的品牌 | 受到好奇心驱使，客户积极跟进吸引他们的品牌，从家人、朋友、媒体甚至产品本身获取信息 | 获得足量信息后，客户做出购买选择，根据购买、使用和服务程度进行进一步产品交互 | 随着时间推移，客户越来越忠于品牌，并反映在留存率、复购率、最终的品牌拥护上 |
| 可能的客户触点 | ①从他人处知晓品牌 ②无意间接受品牌推广 ③想起过去的用户体验 | ①被品牌吸引 ②形成心仪的品牌清单 | ①向朋友寻求帮助 ②在网上查看使用评价 ③拨打客服热线 ④比价 ⑤在实体店购买 | ①在线上或线下购买 ②首次使用产品 ③反馈问题 ④享受服务 | ①继续使用 ②再次购买 ③推荐给他人 |
| 客户印象关键词 | 我知道 | 我喜欢 | 我相信 | 我要买 | 我推荐 |

### 2.3.4　AIPL 路径模型

AIPL 模型来源于美国的一个营销模型，意思是 Awareness（认知）、Interest（兴趣）、Purchase（购买）和 Loyalty（忠诚），就是用户"看到—点击—产生兴趣—购买"的过程（如图 2-4 所示）。这也是阿里巴巴最近两年主推的核心思路，如果从淘宝网的角度看，就是"展现—点击—收藏加购—货比三家—成交—复购或者转介绍"的过程。

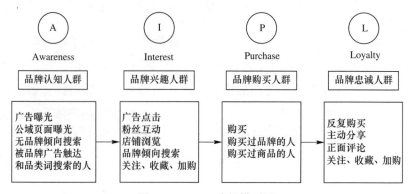

图 2-4　AIPL 路径模型图

阿里巴巴之所以要主推 AIPL 模型，就是希望商家能通过不同的付费工具，匹配不同的场景，通过溢分和创意，分别匹配不同的策略，满足不同阶段的客户需求。如果把 AIPL 中间切一刀，就分为 AI 部分和 PL 部分，前者是拉新，后者是收割，用这种方式去运营的话，其实就已经成功一半了。

## 2.3.5　AARRR 路径模型

AARRR 模型因其掠夺式的增长方式也被称为"海盗模型"，是戴夫·麦克卢尔（Dave McClure）提出的。此模型对应客户生命周期，能帮助企业更好地理解获客和维护客户的原理。

AARRR 模型即 Acquisition（获取）、Activation（激活）、Retention（留存）、Revenue（变现）、Referral（推荐），分别对应用户生命周期中的 5 个阶段（如图 2-5 所示），多用于 App 推广以及产品运营。

图 2-5　AARRR 路径模型图

# 3 数据赋能数字营销优化策略

## 3.1 数据思维与常用的数据指标

### 3.1.1 数据思维的阐释

#### 3.1.1.1 何为数据思维

所谓数据思维，就是使用数据来提出问题、分析问题和解决问题的能力。想要制定良好的企业营销战略，就要先了解大数据的特征。大数据的特征总的来说可以概括为4个方面：第一，数据的体量往往是巨大的，能够容纳很多数据信息；第二，容纳的数据类型很多，比如图像、动画、视频、地理位置信息；第三，信息处理高效、快捷；第四，商业利用价值高。数据思维和互联网思维是密不可分的，在云计算、大数据、移动互联网等科技不断发展的背景下，互联网思维要求企业对用户、产品、市场乃至整个商业生态进行重新思考。

首先，不同于数据知识和数据技能，数据思维是使用数据提出问题和找到解决问题的方法。其次，数据思维要想高效地发挥作用，需要与其他能力进行结合，比如问题意识、行动能力、商业敏感度。好的数据思维能够灵活地与其他能力进行互补。数据思维也是对数据知识和数据技能的一种认知。虽然数据知识和数据技能看似是客观的，但每个人的理解又各不相同，因此数据思维是一个不断发展和学习的过程。

### 3.1.1.2　数据的 2 个核心价值

数据有 2 个核心价值：数据优化和数据驱动。数据优化是指对当前及历史的产品销售或用户行为等数据加以分析、洞察，并做出改进的决策。这也是我们通常所说的数据复盘。经过复盘的数据更客观、更有说服力，才有可能带来真正的优化。数字世界，一切数据可追溯，为数据优化创造了有利条件。数据本身反映了现象，而通过分析数据则能发现现象背后的本质，从而帮助我们实现对营销与运营的优化。

数据驱动与数据优化有本质的区别。数据驱动是指在数字化营销与运营的过程中，直接用数据对广告投放及与消费者的直接沟通进行干预。为了能够直接作用于投放干预及与消费者的沟通，数据驱动所用的主要数据都是与人（消费者）相关的数据，这些数据被应用到"选人"上，即对哪些人进行投放及沟通。

### 3.1.1.3　数据类型

通常来讲，数据分为 3 类：用户数据（用户是谁）、行为数据（用户做了什么）、产品数据（卖什么）。

用户数据是指用户的基本情况，包括姓名、性别、年龄、邮箱、家庭住址、教育水平、职业等。

行为数据是记录用户行为的数据，主要包括用户做了哪些行为、发生行为的时间等。例如在淘宝网上，用户行为可以是用户在某个产品页面的停留时间、浏览过哪些产品、购买了哪些产品等。

产品数据主要包括产品名称、产品类别、产品评论、库存等。

如图 3-1 所示，图中的 3 个 Excel 文件是某个公众号里导出的数据。第一个文件"菜单分析"记录了用户点击公众号菜单栏的信息；第二个文件"用户分析"记录了关注公众号的用户的信息；第三个文件"图文分析"记录了公众号发过的文章的信息。现在对这 3 个文件的数据进行分类：用户数据包括性别、年龄、用户所在地区；行为数据包括点击某个菜单的次数、文章的分享量和收藏量；如果把公众号发过的文章看作产品，产品数据就包括文章的标题、发布文章的日期、文章阅读量。有些数据从不同角度来看，可以属于不同的分类。例如，就文章的收藏量而言，收藏是一个行为，那么收藏量可以看作行为数据；另外，收藏代表产品被收藏，那收藏量也可以看作产品数据。对于数据的分类不是绝对的，要根据具体业务去灵活定义。

菜单分析.xlsx     用户分析.xlsx     图文分析.xlsx

| 数据分类 | 列名 |
|---|---|
| 用户数据 | 性别，年龄，地区 |
| 行为数据 | 点击某个菜单的次数，<br>分享量，收藏量 |
| 产品数据 | 文章标题，日期，阅读量 |

图 3-1    数据分类

## 3.1.2 常用单位数据指标

### 3.1.2.1 用户数据指标

假设有一个鱼塘，为了扩大鱼塘的规模，养鱼人每天都会从外部渠道买新的鱼放到鱼塘里，这些新买的鱼就是鱼塘里的新增用户。鱼塘里的一部分鱼感觉鱼塘非常棒，有好吃的，环境也好，在水里活蹦乱跳，这些鱼就是活跃用户。剩下的一部分鱼感觉鱼塘没什么意思，就不活跃，经常待在一个角落里，这些鱼就是不活跃用户。随着时间的推移，一部分鱼觉得所在鱼塘没意思，就跑到其他鱼塘里了，这些鱼就是流失用户，而留下来的鱼就是留存用户。

可以看到，鱼塘里有 3 种用户：新增用户、活跃用户、留存用户，如图 3-2 所示。其中活跃用户对应的是不活跃用户，留存用户对应的是流失用户。

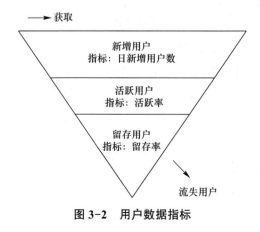

图 3-2    用户数据指标

为了提高养鱼的收益，养鱼人需要合适的指标来衡量鱼塘里鱼的留存、活跃等情况，从而制定有针对性的运营策略。用户数据指标包括：（1）对于新增用户使用的指标，即日新增用户数；（2）对于活跃用户使用的指标，即活跃率；（3）对于留存用户使用的指标，即留存率。

### 3.1.2.1.1 日新增用户数

日新增用户数就是产品每天新增的用户是多少。将每天的新增用户数用折线连起来，就可以看出用户增长或者下跌的趋势。新增用户来自产品推广的渠道，如果按渠道维度来拆解新增用户，可以看出不同渠道分别新增了多少用户，从而判断出渠道推广的效果。

### 3.1.2.1.2 活跃率

在了解活跃率之前，需要先知道活跃用户数。活跃用户数按时间分为日活跃用户数、周活跃用户数、月活跃用户数。如果把打开公众号文章定义为活跃，日活跃用户数就是一天内打开公众号文章的人数，周活跃用户数就是一周内打开公众号文章的人数，月活跃用户数就是一个月内打开公众号文章的人数。

活跃率是活跃用户在总用户中的占比，计算时用活跃用户数除以总用户数；根据时间可分为日活跃率、周活跃率、月活跃率等。

### 3.1.2.1.3 留存率

通过渠道推广过来的新用户，经过一段时间可能会有一部分逐渐流失，那么留下来的用户就被称为留存用户。反映用户的留存，通常用留存率来表示。留存率可以评估产品功能对用户的黏性。如果一个产品留存率低，就说明产品对用户的黏性小。留存率反映了不同时期获得的新用户的流失情况，如果留存率低，就要找到用户流失的原因。

以公众号用户为例，取消关注公众号的用户被定义为流失用户，继续关注公众号的用户被定义为留存用户。

根据时间，留存率可以分为次日留存率、第 3 日留存率、第 7 日留存率、第 30 日留存率等，计算方法如下：

次日留存率：第 1 天新增的用户中，在第 2 天使用过产品的用户数 / 第 1 天新增总用户数。

第 3 日留存率：第 1 天新增的用户中，在第 3 天使用过产品的用户数 / 第 1 天新增总用户数。

第 7 日留存率：第 1 天新增的用户中，在第 7 天使用过产品的用户数 / 第 1 天新增总用户数。

第 30 日留存率：第 1 天新增的用户中，在第 30 天使用过产品的用户数 / 第 1 天新增总用户数。

假设某 App 第 1 天新增用户为 100 个，第 2 天这 100 个人里有 40 个人打开过 App，那么次日留存率＝ 40/100 ＝ 40％；如果第 7 天这 100 个人里有 20 个人打开过 App，那么第 7 日留存率＝ 20/100 ＝ 20%。

### 3.1.2.2 行为数据指标

行为数据指标包括：PV 和 UV、转发率、转化率、K 因子。

#### 3.1.2.2.1 PV 和 UV

PV（Page View，访问次数）：一定时间内某个页面的浏览次数，用户每打开一个网页可以看作一个 PV。例如，某个网页一天中被打开 10 次，那么其 PV 为 10。

UV（Unique Visitor，访问人数）：一定时间内访问某个页面的人数。例如，某个网页一天中被 1 个人打开过 10 次，那么其 UV 是 1。

通过比较 PV 或者 UV 的大小，可以看到用户喜欢产品的哪个功能、不喜欢哪个功能，从而根据用户行为来优化产品。例如，比较某公众号菜单栏的点击次数（PV），点击次数最多的菜单名称表示用户最喜欢这个功能，那么就可以将该菜单放到公众号显著的位置。

#### 3.1.2.2.2 转发率

现在很多产品为了实现病毒式推广都有转发功能，转发率＝转发某功能的用户数 / 看到该功能的用户数。例如，公众号推送一篇文章给 10 万用户，转发这篇文章的用户数是 1 万，那么其转发率＝ 1/10 ＝ 10%。

#### 3.1.2.2.3 转化率

转化率的计算方法与具体业务场景有关。例如有一家淘宝店铺，转化率＝购买产品的人数 / 所有到达店铺的人数。"双 11"当天，有 100 个用户看到了该店铺的推广信息，被吸引进入店铺，最后有 10 个人购买了店铺里的东西，那么转化率＝ 10/100 ＝ 10%。

#### 3.1.2.2.4 K 因子

K 因子（K-factor）可用来衡量推荐的效果，即一个发起推荐的用户可以带来多少新用户。K 因子＝平均每个用户向多少人发出邀请 × 接收到邀请的人转化为新用户的转化率。

假设平均每个用户会向 20 个朋友发出邀请，而平均的转化率为 10%，则 K 因子＝ 20×10% ＝ 2。当 K ＞ 1 时，新增用户数就会像滚雪球一样增大；如果 K ＜ 1，那么新增用户数到某个规模时就会停止通过自传播增长。

## 3.1.3　产品数据指标

产品数据指标包括：用来衡量业务总量的指标，例如成交总额、成交数量；用来衡量人均情况的指标，例如客单价；用来衡量付费情况的指标，例如付费率、复购率；与产品相关的指标。

### 3.1.3.1　总量

用来衡量业务总量的指标有成交总额、成交数量、访问时长。

企业的分析报告中经常会出现成交总额（GMV,Gross Merchandise Volume），也就是零售业说的"流水"。需要注意的是，成交总额包括销售额、取消订单金额、拒收订单金额和退货订单金额。

成交数量就是下单的产品数量。

访问时长指用户使用 App 或者网站的总时长。

### 3.1.3.2　人均

用来衡量人均情况的指标有人均付费和人均访问时长。

人均付费＝总收入 / 总用户数。人均付费在电商行业也叫客单价，在游戏行业则用 ARPU（Average Revenue Per User）来表示。

人均访问时长＝总时长 / 总用户数，用于统计每个人使用产品的平均时长。

### 3.1.3.3　付费

与付费相关的指标有付费率和复购率。

付费率＝付费人数 / 总用户数，反映产品的变现能力和用户质量。例如，某 App 产品有 100 万注册用户，其中 10 万用户有过消费，那么该产品的付费率＝ 10/100 ＝ 10%。

复购率是指重复购买频率，即一定时间内，消费 2 次以上的用户数占付费人数的比例。

例如，微信收账管理小程序可以帮助商家统计通过微信转账的用户，如图 3-3 所示，这是某商家的统计界面，其中累计顾客数（付费人数）是 2800 人，回头客数（重复购买用户数）是 98 人，那么复购率＝ 98/2800 ＝ 3.5%。

| 顾客管理 | | | |
|---|---|---|---|
| 累计顾客<br>2800 | 新顾客<br>299 | 回头客<br>98 | 流失顾客<br>2403 |

**图 3-3　微信收账管理统计**

### 3.1.3.4　产品

与产品相关的指标用于从产品的角度去衡量哪些产品好，哪些产品不好。通过找出好的产品来进行重点推销，对不好的产品则分析其中原因。常见的指标有热销产品数、好评产品数、差评产品数，可根据具体的业务需求灵活使用。例如，对于公众号来说，每篇文章就是一个产品，对公众号里的全部文章按转发率来排名，就能发现哪些文章是大家喜欢的。

总结上述常用的数据指标，如图 3-4 所示。

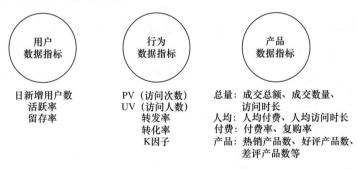

**图 3-4　常用的数据指标**

## 3.1.4　推广付费指标

除了以上 3 种常用的指标外，还有其他的一些指标，比如在付费做广告推广时，涉及考查推广效果的指标。根据不同的付费渠道，可以分为以下几种类型，如表 3-1 所示。

表 3-1　推广付费指标

| 渠道 | 推广付费指标 | 含义 |
|---|---|---|
| 展示位广告 | 按展示次数付费（CPM） | 有多少人看了广告 |
| 搜索广告 | 按点击次数付费（CPC） | 有多少人点击了广告 |
| 有多少人点击了广告 | 按点击次数付费（CPC）或按投放的实际效果付费（CPA）<br>按 App 的下载数付费（CPD）　按完成购买的用户或销售额付费（CPS） | 效果如何 |

### 3.1.4.1　展示位广告

展示位广告出现在网站、手机 App 的顶部或开屏位置等。开屏广告就是当用户打开手机 App 时出现的广告，例如打开微博、知乎时展示的广告。这种类型的广告通常是按展示次数付费（Cost Per Mille，CPM），也就是有多少人看到了该广告。

### 3.1.4.2　搜索广告

例如搜索引擎（百度等）的关键字搜索广告、电商搜索广告（淘宝直通车等）。广告主为某一个搜索关键词出价，用户看到的搜索结果是按广告主出价的高低来排名的。这种类型的广告是按点击次数付费（Cost Per Click，CPC），也就是有多少人点击了该广告。

### 3.1.4.3　信息流广告

例如微博、今日头条、知乎、朋友圈里的广告。这种广告是根据用户的兴趣爱好来推荐的。

这种类型的广告按点击次数付费或者按投放的实际效果付费（Cost Per Action，CPA）。

按投放的实际效果付费包括：（1）CPD（Cost Per Download），即按 App 的下载数付费；（2）CPI（Cost Per Install），即按安装 App 的数量付费，也就是下载后有多少人激活安装了 App；（3）CPS（Cost Per Sales），即按完成购买的用户数或者销售额来付费。

推广付费指标经常出现在我们的日常生活中,例如打开知乎 App,观看开屏广告就是按展示次数付费;对这个广告感兴趣而点击了广告,就是按点击次数付费;看到广告里的介绍,没忍住下单购买了商品,就是按投放的实际效果付费。

在决定将产品投放到哪个渠道的时候,要清楚目标用户是谁,目标用户在哪里。如果一款为企业服务的软件要在娱乐网站做推广,就非常不合适。目前主流广告平台都支持上述方式的付费,广告主可以按自己的产品需求来灵活选择。一般来说,如果是推广一个新的产品,要选择按 App 的下载数付费。因为新产品还没有人知道,用下载数来衡量,是比较划算的。等品牌积累了一定的影响力后,再按点击次数付费或者按投放的实际效果付费。

# 3.2  组织形式变革与用户体验优化

## 3.2.1  组织形式变革

当下企业面临的竞争形势唯"快"不立,内外部环境的急剧变化要求企业的组织结构和决策过程必须简单化、高效化、动态化和智能化,必须要对消费者的需求变化和竞争对手的挑战及时做出响应。

著名管理大师德鲁克曾经指出:"组织不良最常见、最严重的病症,便是管理层次太多。构建组织结构的一项基本原则便是尽量减少管理层次,尽量形成一条最短的指挥键。"因此,本书认为,未来的企业组织将不再是传统金字塔式的等级制结构,而是逐步向扁平化、敏捷型和共生型等组织结构演进。

### 3.2.1.1  扁平化组织

#### 3.2.1.1.1  扁平化组织的内涵

扁平化理论主张企业运作管理由垂直纵向转为横向发展,改变原有的自上而下的多层次管理,向精简化、高效化、灵活性发展,强调管理层次的简化、管理幅度的增加与分权。扁平化组织是指管理层次少而管理幅度大的一种组织结构形态。扁平化组织与传统的科层制组织不同,它需要员工打破原有的部门界限，绕过原来的中间管理层次，直接面对顾客和向公司总体目标负责，从而以群体和协作的优势赢得市场主导地位。在这种组织结构中，上下级互动紧密，信息纵向流动快，管理费用相对较低，被管理者拥有较大的自主权、积极性和满足感。

#### 3.2.1.1.2 扁平化组织的特点

（1）管理幅度加大。扁平化组织减少了中间管理层，使管理层次减少，信息化和数字化技术的发展，又使企业管理幅度加大成为可能。但是，管理幅度宽会造成权力分散，不易实现严格控制。

（2）组织边界模糊。扁平化组织实际上形成了以工作人员一条龙服务为基础的业务流程，组织由若干部门彼此协调配合的团队所组成，组织内部边界逐渐模糊化。

（3）决策权分散。由于管理幅度变宽使管理者不得不放权，企业资源和权力侧重于基层，从而将更多的现实决策权下放给直接对目标和业务负责的中层或基层员工。

（4）信息流动加快。扁平化组织管理层级减少，使信息流在组织链条上的停留时间也极大减少，在链条上的流动长度缩短，从发送端到接收端的转移和交互加快。

#### 3.2.1.1.3 扁平化组织的实现基础

（1）管理制度化。扁平化组织不是一个无序的组织，反而是一个管理有序、架构分明、层级明确的组织。也就是说，扁平化组织其实建立在组织内部制度完善、架构清楚的基础之上。通常来说，扁平化是建立在组织分权的情况下，而组织分权则必须建立在相对完整且运转顺畅的制度基础上，否则整个组织就可能会处于一种难于管控的混乱状态。因此，在扁平化实施之前，详细的组织架构分析、系统的制度建设提纲必不可少。

（2）组织信息化。信息化是当今组织发展的基石，更是扁平化组织的基础。在对信息流速以及准确性要求极高的扁平化组织体系中，强大的信息化手段，会极大提高管理者与下属员工的沟通速率，并且对干扰性的信息进行了有效过滤。如果缺乏信息化或数字化的手段，强行推行扁平化，反而会影响管理的有效进行以及信息的有效流通。

（3）管理者与员工素质。扁平化对管理者以及员工的素质提出了较高的要求。在扁平化的组织结构中，由于层级减少，管理者的管理幅度和能力值要求必然会大幅增加。一旦增加的幅度超过了管理者的管理能力，强行的扁平化非但不会提高组织效率，反而会降低组织的运营效率。除此之外，扁平化组织要求员工需要有较强的自主管理能力以及信息接收与领悟能力。

### 3.2.1.1.4 扁平化组织的实现路径

（1）通过组织改造实现扁平化。通过精干高效地设置管理层的机构和岗位，确定权责，减少不产生附加价值的管理者，实现管理者管理幅度增加、员工汇报层级减少，最终实现组织扁平化。例如，海尔通过划分小经营单元，进行创客平台打造，实现了"人人都是 CEO，人人面对客户"。海尔推行的创客平台，管理层级不超过三级，建立对赌机制，实现"用户付薪"，改变了原来按岗位付薪、按技能付薪等传统付薪模式。又如，韩都衣舍通过打造"大平台＋小前端"的组织，由产品小组做出决策，快速对外界市场进行反应，并且建立了与小组制组织模式相对应的薪酬与奖励机制。

（2）通过流程实现扁平化。通过流程标准化，实现整体流程标准化、时限化、责任化、成果标准化、可追溯化，充分发挥流程节点"岗位"员工作用，减少部门内部二次审核，管理监督职能交由下一节点负责，减少不产生附加价值的管理者，最终实现管理者管理幅度增加，而员工汇报层级减少，有效实现组织扁平化。

（3）通过信息技术手段实现扁平化。以往公司信息收集、处理能力有限，并且监督检查手段、信息传递手段比较单一，以"人治"为主，导致管理人员过多。随着技术手段的不断更新迭代，即时通信工具广泛应用，信息能够及时共享，沟通成本骤降。因此，以监督管理为主的部分管理岗位，可以通过信息化、数字化手段代替，协助全面实现组织扁平化。

（4）通过优秀员工提升实现扁平化。企业有效的组织扁平化需要优秀员工的内在支撑，只有员工和工作高效协同，才能形成内外部统一协调的有机整体。例如，在创办小米之前，雷军每天都要花费一半以上的时间招募人才，前 100 名员工入职时，雷军都亲自见面并沟通。实际上，小米实行扁平化正是基于小米拥有大量优秀的人才，而优秀的人才本身就拥有强大的驱动力和自我管理能力。

## 3.2.1.2 敏捷型组织

### 3.2.1.2.1 敏捷型组织的内涵

敏捷性是指一种企业能力，是能够帮助企业及时响应市场需求变动、快速提供新产品以满足消费者需求、争取更多市场份额的竞争能力。敏捷型组织是具备敏捷性的组织。

具体而言，敏捷型组织是一个以实现敏捷性为战略目标，由符合敏捷性要求的组织结构、人员、业务、流程、子系统构成的，能够及时响应市场变化、快速满足消费者需要的企业组织模式。

### 3.2.1.2.2 敏捷型组织的特点

（1）系统性。只有企业系统的各要素、各环节均具有了敏捷性，并形成一个有机的敏捷系统，整体敏捷性才能真正实现。整体的敏捷性依赖于系统内各要素敏捷性的提升以及各要素之间的整合。这个特点既综合反映了企业系统由输入（如组织、技术、人员、管理、信息与知识）、处理（如核心能力的有效集成、企业创造价值的具体过程）和输出（企业所提供的产品和服务，如定制的产品）3个环节构成的运行过程的敏捷性，又反映了企业内部诸多构成要素（组织、人员、技术、管理等要素）的敏捷性，同时还反映了外部伙伴、供应商、分销商、顾客的敏捷性。

（2）多维能力属性。敏捷型组织反映了系统及其要素能力的敏感性、快速性、创新性、柔性和客户满意度等多维能力属性。敏感性，即响应、决策、行动的敏锐性及智能转换性。快速性，即在最短的时间内响应、决策和行动的属性，包括快速定制产品、快速研发、快速生产、快速交货等。创新性，即通过重组企业内外部资源和能力来实现客户所需要的任何创新，主要是新产品的创新、研发创新、组织创新、管理创新等。柔性，即具有用同样的设施生产不同产品和实现不同目标的能力，包括产量柔性、产品结构柔性、组织柔性、人力资源柔性和战略柔性等。客户满意度则是指客户对定制化产品的性能、时间、成本、质量和价值的满足感。

（3）动态开放性。敏捷型组织是动态开放的。作为一个系统来讲，为了适应动态的生存环境，内部必须与外部进行不断的能量交换来维持系统的生命力，同时这种能量的交换要求内部要素之间通过不断的互动来对输入进行消化吸收，从而到达最佳状态。敏捷型组织要求企业持续关注顾客不断变化的、个性化的需求，同时从外部汲取先进的知识、理念、方法和技术，在内部不断地消化和吸收，以提升自身能力，从而找到满足顾客需求的解决方案。

（4）可重构性、可重用性和可扩充性。敏捷型组织具有可重构性、可重用性和可扩充性。可重构性是指企业所具有的能够根据变化的需要，对其组织、人员、技术等要素的数量、结构、关系等进行重构的能力属性。可重用性是指企业所具有的能够根据变化的需要，多次、反复地使用其组织、人员、技术等要素的能力属性。可扩充性是指企业所具有的能够根据变化的需要，对其组织、人员、技术等要素进行升级、扩展的能力属性。

#### 3.2.1.2.3　敏捷型组织的实现基础

（1）灵活的组织结构。敏捷型组织强调快速响应、快速决策、快速执行与交付，这必然要求组织结构设计要极其扁平化，减少组织中间层级、加快信息传递速度，同时减少信息传递过程中的衰减影响。组织结构扁平化程度、组织结构层级多寡决定了组织内部信息传递、决策链条的长短，是决定敏捷型组织是否实现的前提。

（2）敏捷的领导和团队。团队的敏捷性包括敏捷的领导、敏捷的员工和敏捷的团队氛围。敏捷型组织的自我管理导向使等级在敏捷型组织中被极度减少。敏捷型组织中每个员工都是分布式网络的末端节点，是一个决策自主体，具有个人主体的自治性、适应性与协作性等特征，能够在充分授权自治的环境中积极主动地完成任务，同时能够随着环境的变化自主学习，持续提升自身适应环境变化的能力。敏捷的团队氛围帮助员工点燃个人激情，让员工每天都致力于实现增长、创新，促进健康竞争。

#### 3.2.1.2.4　敏捷型组织构建的实现路径

（1）具有快速的响应力。快速的响应力是指企业的组织结构能够快速响应需要。如果做每一件事都要层层审批汇报，必须得到最顶层的审批才能向下传达，这种企业，它的响应力一定不会太快。

敏捷型组织倡导的是端到端的价值链打通，更需要把企业内部的组织结构打通，快速构建全功能的团队，让这些团队能够像一个创业型团队一样具备高速的响应力。

（2）具备强大的执行力。敏捷的关键点是要求管理者具备强大的执行力，能够"快""狠""准"地把战略落实到具体岗位上。快，即执行的速度。执行要将时间进度作为核心标杆来看，有紧迫感，提高做事效率。准，即执行的尺度。执行需要密切结合组织的战略目标、部门重点方向、组织的流程制度等，与组织战略目标不相符合的事要拒绝去做。狠，即执行的力度。在执行过程中要追求卓越，达到更好甚至是最好，提高执行的效果。

（3）保有持续的创新力。企业在动态竞争中，往往会过于依赖自己以往的竞争优势，处于相对稳定的行业地位。但在数字化时代，互联网与传统行业结合迸发出新的商业模式，给传统的组织结构带来挑战的同时也带来了创新的动力。从组织来说，最大的动力就是危机感，因为一个组织如果没有危机感就没有动力去创新。除了危机感，企业还需要一套完整的机制自上向下和自下而上地融合来构建持续的创新力。

### 3.2.1.3 共生型组织

#### 3.2.1.3.1 共生型组织的内涵

关于共生型组织的概念有很多。有学者认为，共生型组织是一种基于顾客价值的高效的、跨领域的价值网络，它使组织可以获得更高的效率。共生型组织包括四重境界，分别是共生信仰、顾客主义、技术穿透和"无我"领导。学者程煜认为共生型组织是不同组织之间相互合作的关系。在共生的过程中，各个组织都有自己的独立性和特性，但同时各组织之间又是一种共同生存、生长的状态，以共同的价值目标为合作基础，以命运共同体达成合作共识。各个组织基于整体价值创造的最高追求来选择组织合作伙伴，合理安排各个环节的组织活动，协调组织之间的分工合作、融合互动。

本书认为，共生型组织是一种基于顾客价值创造和跨领域价值网的高效合作组织形态，其网络成员实现了互主体、资源共通、价值共创、利润共享，进而可创造任何单个组织都无法实现的高质量发展。

#### 3.2.1.3.2 共生型组织的特征

（1）互为主体性。共生型组织的成员间不再有主客体关系，而是彼此互为主体。这就需要每一个成员做出根本性的改变。复杂多变的环境要求组织从单一的线性协同模式转向跨组织的多维协同模式。共生型组织强调开放性和互联性，与环境形成良好的互动，从而创造多维协同模式下的跨领域共生价值体，打造开放合作式的有机生态系统。共生型组织是一种基于合作和价值共创所形成的组织资源共享、利益共赢的群体性有机系统；共生型组织相信互为主体的生态网络的力量，并且为互为主体的生态网络的建构付出时间和精力。

（2）整体多利性。合作是共生型组织的本质特征之一。合作并不否定竞争的存在，但是与传统意义上的相互排斥、相互厮杀的竞争不同，共生型组织更加强调合作组织之间的相互吸引与相互补充，最终从竞争中产生新的、创造性的合作伙伴。正是这样的合作关系，让各个合作伙伴相互激发、高效互动，从而产生出了更多的价值创造，这些价值创造不仅帮助了合作伙伴，还给自身带来了超出组织原有能力所能创造的价值。

（3）柔韧灵活性。正如生物学家达尔文所讲，在剧烈变化的环境中，能够生存下来的不是那些最强壮的，也不是那些最聪明的，而是那些最灵活的、懂得适时变化的生物。共生型组织在组织内部减少了管理层级，破除了传统组织中自上而下的垂直高耸结构，简化了烦琐的管理层级，将权力下放到基层，让组织内部更具灵活性和流动性，让组织成员感受到更多的自主与发展空间。在组织外部，共生型组织展示出更强大的逢接与互动功能，让基于顾客价值创造的组合更加高效，能更快捷地响应需求变化。这样建立起的组织灵活而敏捷，富有柔性和创造性，能够根据环境的变化迅速做出战略调整。

（4）效率协同性。一直以来，提高组织效率是组织管理的一个极具挑战的问题。分工使劳动效率得以最大化实现，分权让组织获得了最大化的效率，分利则充分调动个体，让个人效率最大化。

在组织绩效由内部转向外部的今天，组织需要解决的是整体效率，既包括组织内部效率，又包括组织外部效率，分工、分权、分利已经无法满足组织对整体效率的追求，整体效率的实现更大程度地依赖组织间的合作协同程度。共生型组织系统中的组织个体保留了各自的独立性和自主性，依赖于彼此之间对资源的获取、分享和使用能力，组织获得了更好地融入环境的方式，更重要的是，组织的整体效率得以提升。当组织可以拥有整体能力的时候，长久地焕发能量以及持续成长发展变得更加可期。

### 3.2.1.3.3 共生型组织的实现基础

（1）具有共生信仰。提到合作往往使人们产生疑虑，这是因为对合作的结果具有不确定性。虽然人们明白组织无法独立存在，长期处于独立封闭状态更加无法应对巨大的环境变化，但还是很难坦然与别人合作。相反，人们如果知道自己的命运是与其他成员休戚相关的，确信商业文明本身，确信彼此拥有相同价值观，就会不断地努力学习、应变并开放自己。因此，当人们对自己的行动有真正的责任感时，合作的效果也会最快达成。这就是为什么共生型组织以共生信仰为首要选择。

（2）奉行顾客主义。对于现代的企业而言，因为互联网技术带来的开放可能性，使各种围绕企业的资源都在不断重组和整合，而顾客就是这一切的基础。顾客主义是指真正以顾客价值为中心，让顾客成为组织成员间唯一的价值集合点。顾客主义是一种组织成员之间价值取向的结果检验标准，它是一个组织成员合作的过程，是一种持久的要求和修炼。

（3）注重员工成长。在共生逻辑下，企业应当让所有的组织成员，无论是内部的还是外部的，都能有机会发挥作用、创造价值和获得成长。企业在此过程中所要做的就是牵引、协同、赋能。当企业能够牵引、协同和赋能的时候，必然就有更多职员愿意组合在一起。当企业之间要构建更大的价值网络时，更需要彼此能够协同、牵引和共同创造价值。

### 3.2.1.3.4　共生型组织的实施要点

（1）打开员工边界。组织要能够接受员工在不同的组织之间变动。一般来说，那些能面对不确定性的组织，有一个很大的特点，就是接受员工的跨边界流动。员工边界既是一个垂直晋升通道，也是一个横向的发展逻辑，甚至会在组织内外跨来跨去地调整。

（2）打开顾客边界。组织要能够理解和接受顾客不再是企业原有产业里所理解的顾客。对以前购买电器产品的顾客，企业现在要理解为购买智能家庭生活方式的顾客，这就要求组织打开产业的边界真正理解顾客，甚至让顾客参与到产品创新和传播营销中。

（3）打造自身的不可替代性。共生型组织要致力于发展自身的不可替代性，认同"少就是多""慢就是快"的道理。企业需要慢下来，把自己可以做的事情做到极致，对于明显不符合自身发展需要的事选择不做。如果企业无法致力于自身的不可替代性，想要与别人共生会很难。

## 3.2.2　用户体验

数字化时代的营销要特别注重用户体验，只有用户从内心深处感觉愉悦，才会将这种"特别好"的感知告诉身边的朋友、家人，并推荐他们使用或消费，由此形成良性口碑自然传播、持续转化消费的裂变现象。当下，要想与用户走得久远、关系更近，仅仅让用户喜欢是远远不够的，还需要与用户形成更深度的关系黏性。这就需要企业开展的营销活动能与用户持续有效地深度互动，通过互动加深双方的了解，才能够让双方的情感升温。

### 3.2.2.1　用户体验的内涵

用户体验是一种在用户使用产品的过程中建立起来的纯主观的综合体验和感受。从用户的角度来说，用户体验是产品在现实世界的表现和使用方式，它会渗透到用户与产品互动的各个方面，既有对产品操作的互动体验，又有在互动过程中触发的认知、情感体验，包括享受、美感和娱乐。用户是整个体验过程的主体，是产品和相关服务的受益者。关于用户体验的概念，国内外学者从不同角度进行了界定，见表3-2。

#### 3.2.2.2　用户体验的影响因素

表3-2　用户体验的概念梳理

| 代表学者 | 代表观点 | 资料来源 |
| --- | --- | --- |
| ISO DIS 9241-210 标准（2010） | 用户体验是指用户在使用产品或服务之前、期间和之后的总体感觉，包括情绪、信念、偏好、认知印象、身体和心理反应、行为和成就 | Human-centred Design for Interactive Syst ISO DIS 9241-210, Ergonomics of Human Sy; Interaction: Part 210 [S]. Switzerland: Intemati Standardization Organization（ISO）, 2010. |
| 罗仕鉴等（2012） | 用户体验指用户使用产品或者享受服务过程中所建立起来的综合性感受 | 罗仕鉴, 朱上上. 用户体验与产品创新设计 [M]. 北京: 机械工业出版社, 2010. |
| 孔雅轩（2019） | 用户体验是指用户在使用产品的过程中建立起来的一种单纯的主观感受 | 孔雅轩. 规律与逻辑: 用户体验设计法则 [M]. 北京: 人民邮电出版社, 2019. |
| 蔡赞等（2021） | 用户体验指在与产品打交道的过程中，用户的主观感受、心理状态和向外部反馈出的信息 | 蔡赞, 康佳美, 王子娟. 用户体验设计指南: 从方法论到产品设计实践 [M]. 北京: 电子工业出版社, 2021. |

用户体验会受到很多外界因素的影响，呈现出一种不稳定的状态。用户体验的影响因素大致可分为 3 类，即提供的产品是否满足客户的需求、用户在使用产品时自身的状态与心理状况，以及用户在使用产品过程中外界环境的舒适度等因素，如图3-5所示。

用户体验的主观性与不确定性，反映了用户需求的不稳定性。因此，管理者要想了解用户的需求，可以通过分析用户的消费体验，找到用户需求的痛点，从而提供满足需求的用户产品。

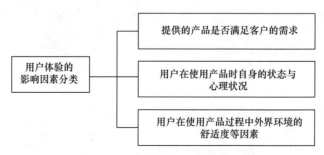

图3-5　用户体验的影响因素分类

### 3.2.2.3 数字时代用户体验的触点分类

触点是指企业的品牌、产品、服务等在各个方面、各个环节与用户的接触点，包括视觉、触觉、味觉、嗅觉、听觉，以及心理上所接触的每一个点，都可以叫作触点。图3-6展示了商家通过触点传送理念，用户通过五感感知品牌的过程。数字时代用户体验的触点分类如下。

（1）物理触点。如实体菜单、家具、门店、产品，它们可以通过固定标准去衡量和统一，维护难度低，但变更和替换的成本较高。有的物理触点是可以随用户进入其他场域的，是品牌在门店之外继续施加影响力的媒介。

（2）数字触点。数字触点的种类丰富，从简单的背景音乐，到App、H5，到更复杂的AR、VR、AI，有很多可能性。由于其无实物，数字触点的体验感受和评判标准并不容易统一。数字触点的迭代相对简单，成本也相对物理触点低。

（3）人际触点。比前两者更灵活，能动性更强。我们需要针对人际触点制定固定标准，却无法保证实施水平。

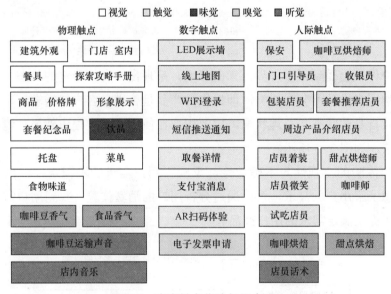

图3-6　商家触点传达与用户感知

### 3.2.2.4 数字时代的用户体验提升

（1）从用户视角出发。在过往"以用户为中心"的转型实践中，我们多习惯于从自身视角出发，关注某一特定的客户触点，很容易造成客户体验的割裂，甚至导致"1＋1＜1"的结果。要真正形成"以用户为中心"的业务逻辑，只有以纯粹的用户视角，去感受用户在每个环节的交互体验，并将其作为一切组织架构设计、产品设计、流程设计的起点，才能准确抓住用户需求。

（2）多渠道搜集数据。在用户旅程中，我们可以通过多种方式，如移动端反馈、社交媒体信息搜集、语音互动问答、网上银行调研、呼叫中心语音分析、工单文本分析，多渠道实时抓取结构化及非结构化数据，形成"体验数据库"，并利用人工智能进行关键词和情感归类与分析，快速、准确捕捉用户实时痛点及需求。通过定性、定量、主观、客观的数据分析，识别用户体验中对用户整体体验影响较大的关键"旅程"。这些关键"旅程"的满意度，往往直接影响着用户对产品的选择以及重复购买产品的决策。

（3）"零基设计"理念。"零基设计"理念是指对用户旅程的最终形式不做任何预先设想，由用户或者不熟悉该流程的员工主导，完全以用户需要和偏好为起点和持续依据点，构建一个新过程，并在用户身上不断进行验证测试。过程的变革不局限于解决用户痛点，更要努力寻找可以让用户惊艳的下一代功能。

# 3.3　颠覆式定价与全渠道营销策略

## 3.3.1　颠覆式定价方式

数字经济的发展颠覆了传统的商业模式，新技术、新平台的出现也颠覆了以往的定价模式。网络的开放性和主动性为顾客理性选择提供了可能。顾客可以在全球范围内迅速收集与购买有关的决策信息，对价格及产品进行充分比较。随着顾客对价格的敏感性增强，企业只有符合消费者的定位，才能占领市场，获得发展机会。这就需要定价方式更加多样化，目前主要有以下 5 种定价方式。

### 3.3.1.1　直接成本定价法

直接成本定价法是指按照产品（服务）的直接生产（提供）成本进行定

价。采用此种定价法，其盈利途径主要是转嫁盈利，即通过此产品圈定用户，然后通过为用户提供其他产品或服务来获取利润，以此实现最终的盈利目的。例如，小米企业将硬件以接近成本价进行定价销售，然后通过提供其他服务来获取整体盈利。使用此类模式需要至少满足以下条件中的一条。

（1）产品具有热销性，可以达到规模化销售。

（2）有其他的辅助盈利产品或者服务项目。

（3）有完善的整体盈利模式或者策略。

### 3.3.1.2　租赁式定价法

随着社会经济的发展和人民生活水平的日益提升，人们的消费需求越来越多元化。人们想要消费的产品越来越多，产品的使用周期也越来越短，这就导致了一些耐用品的使用频率和使用周期缩短，间接造成了消费者购买成本的提升。为了满足这一消费需求，市场中出现了各种形式的租赁服务。消费者不用刻意购买那些使用频次较低的耐用品，需要时直接付费租赁即可。这种形式直接降低了消费者消费此类产品的成本，受到了越来越多消费者的认可和支持。"共享经济"模式便是典型代表，如共享单车、共享充电宝、共享汽车。

租赁方式一般有2种——按时租赁和按次租赁，相应的产品或服务定价对应采用按时定价或者按次定价。具体而言就是企业不再按照以往的整体定价模式，而是将产品依据时间维度或者使用次数维度进行"拆解"，确定小单位化的产品价格。此定价模式通常需要考虑两个方面的条件。一是产品是否具有耐用性。如果产品易损易坏或无法满足消费者多次重复使用的要求，就不具备租赁优势。二是管理系统是否完善。要想提升租赁效率和服务质量，必须具备一个非常完善、流畅的管理系统，包括数据传输系统、计费收费系统、客户管理系统等。如果系统不够完善，一方面无法为用户提供良好的服务，另一方面无法对所租赁产品进行管理，很容易造成产品的丢失与损坏，更无法及时、详细获取租赁服务费用。

### 3.3.1.3　竞价式定价法

随着互联网的发展，基于互联网孕育产生的电子商务模式越来越多样化。其中，将传统式的竞价拍卖应用至互联网之中就是一项重大突破。竞价式定价法非常好地将互联网与竞价的优势结合起来，成为一个新的定价模式。竞价式定价法就是给产品确定出一个底价，然后购买者依据产品品质、价值的认知对产品进行竞争出价，最终以不确定的价格成交。这样一方面可以找到对于产品价值认可度高的购买者，进而以较高价格成交；另一方面可以充分发挥竞争的优势，通过购买者相互之间的竞争，提高产品成交价格，获取较高的利润或者盈利。此种定价法需要产品具备稀缺性，购买者无法在其他渠道中购买到，适用于工艺品、定制化产品等。

### 3.3.1.4　打赏型定价法

随着消费者付费意识的逐渐形成，一些互联网属性较强的产品不再确定价格，完全凭消费者个人对于产品价值的认知和衡量进行付费。最为常见的就是自媒体平台所创作的内容产品，读者们先阅读内容，然后依据自己对内容价值的评判进行金额打赏，不设定限额和标准，一切皆由自我判定，不打赏也可以。

### 3.3.1.5　免费定价法

免费价格策略是市场营销中常用的营销策略，它主要用于促销和推广产品，这种策略一般是短期和临时性的。但在网络营销中，免费价格不仅仅是一种促销策略，还是一种非常有效的产品和服务定价策略。具体说，免费定价法就是将企业的产品和服务以零价格形式提供给顾客使用，以满足顾客的需求。

免费价格的形式有以下 4 类。

（1）完全免费，即产品和服务从购买、使用到售后服务所有环节都免费。

（2）限制免费，即产品和服务可以被有限次使用，超过一定期限或使用次数后，免费权力就失效。软件、游戏的试用版本就属于这种方式。

（3）部分免费，如很多公司提供的年鉴、调查报告等资料，前几部分可以免费，但是完整版就需要付费。

（4）捆绑式免费，即购买某产品或服务时赠送其他产品和服务，免费的是赠送的产品部分，而原产品是需要付费的。

## 3.3.2　O2O 融合与全渠道营销

随着互联网的不断普及与广泛应用，互联网与现实的结合越来越紧密，几乎可以用高度融合来形容。这就意味着互联网与现实的边界不再那么清晰。未来要想持续做好互联网商业经营，将互联网与现实进行深度融合，打造线上线下联动式的商业模式，势在必行。随着消费者对消费时效要求越来越高，及时快捷地响应消费者即时的消费需求及其衍生要求，需要企业努力将渠道下沉，近距离接触消费者。本节将详细阐述现代营销如何实现 O2O 融合与全渠道营销。

### 3.3.2.1 O2O 融合

随着移动互联网的逐渐发展，利用互联网、移动终端设备进行网上订餐、订票等线上线下互动已经成为人们日常生活中不可或缺的一部分，这在一定程度上得益于 O2O 融合。O2O 在数字化时代的推动下发展越来越火热，随处可见 O2O 的身影，它已影响到人们生活的方方面面。它成功连接了虚拟与现实，实现了线上线下互动，将人们的生活带进了一个前所未有的多元化模式中。O2O 不仅改变着个人的生活方式，丰富着生活的各个方面，也给企业带来了不一样的发展契机。

#### 3.3.2.1.1 O2O 的内涵

O2O 的概念最早是由 TrialPay 的 CEO 和创始人亚历克斯·拉姆贝尔于 2010 年 8 月 7 日提出。亚历克斯最早提出的 O2O 很简单，具体解读是 "online to offline"，即 "线上到线下"，意思是通过各种手段将线上的消费者带到线下的实体店中，在线购买线下商品和服务，再到线下去体验消费。O2O 的概念现已变得非常广泛，只要产业链中既可涉及线上，又可涉及线下，就都可称为 O2O（如图 3-7 所示）。

图 3-7　O2O 示意图

O2O 模式因主体不同，其特点也会有所区别。以下分别从消费者、商家和平台本身 3 个主体视角解读 O2O 的价值。

（1）O2O 对消费者而言。O2O 可以使消费者获取更丰富、全面的商家及其服务的内容信息。O2O 采用线上线下互动的模式，利用商家行业分类、关键字查询等方式，帮助消费者浏览众多商家的信息，获得符合自身需求的服务。

（2）O2O 对商家而言。O2O 可以使商家获得更多的宣传、展示机会，吸引更多新客户到店消费。O2O 模式颠覆了传统的宣传营销模式，比如原来火锅店有新优惠活动，需要找媒体资源的平台进行广告投放。而 O2O 工具的出现，让商家可以很好地管理自己的用户，并推送消息，省去了重复的宣传投入成本。通过 O2O 营销模式，商家与客户的每笔交易都是可跟踪的，商家推广的效果也是可以查询的。商家可以通过大数据，分析交易质量和推广效果，由此掌握用户数据，然后通过与客户的交流，了解更多的客户需求——这不仅能提升营销效果，也能维持老客户对品牌的忠诚度。

（3）O2O 对平台本身而言。O2O 可以为平台吸引双边用户，带来显著的经济效益。O2O 在为平台吸引大量高黏性用户的同时，也吸引了大量线下生活服务商家加入，产生了明显的网络外部效应，带来了巨大的广告收入空间，以及形成规模后更多的盈利机会。

### 3.3.2.1.2　O2O 融合模式

O2O 融合模式是指线上营销和线上购买带动线下经营和线下消费。O2O 通过打折、提供信息、服务预订等方式，把线下商店的消息推送给互联网用户，从而将他们转换为自己的线下客户（如图 3-8 所示）。O2O 融合特别适合必须到店消费的商品和服务，比如餐饮、健身、电影、演出、美容美发、摄影。

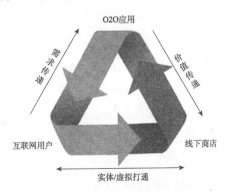

**图 3-8　O2O 的营销模式**

与传统的消费者在商家直接消费的模式不同，O2O 融合模式将整个消费过程分成线上平台和线下门店两部分。线上平台为消费者提供消费指南、优惠信息、便利服务（预订、在线支付、地图等）和分享平台，而线下门店则专注于提供服务。在 O2O 模式中，消费者的消费流程可以分解为 5 个阶段。

（1）引流。线上平台作为线下消费决策的入口，可以汇聚大量有消费需求的消费者，或者引发消费者的线下消费需求。常见的 O2O 平台引流入口包括：消费点评类网站，如大众点评；电子地图，如百度地图、高德地图；社交类网站或社媒，如微信、知乎、豆瓣、抖音、小红书。

（2）转化。线上平台向消费者提供商铺和产品的详细信息、优惠（如团购、优惠券）、便利服务，方便消费者搜索、对比商铺和产品，并最终帮助消费者选择线下商户，完成消费决策。

（3）消费。消费者利用线上获得的信息到线下门店接受服务，完成消费。

（4）反馈。消费者将自己的消费体验反馈到线上平台，有助于其他消费者做出消费决策。线上平台通过梳理和分析消费者的反馈，形成更加完整的本地商铺信息库，可以吸引更多的消费者使用在线平台。

（5）存留。线上平台为消费者和本地商户建立沟通渠道，可以帮助本地门店维护消费者关系，使消费者重复消费，成为商家的回头客。真正的 O2O 是立足于实体店本身，线上线下并重并且有机融合的，你中有我、我中有你，信息互通、资源共享，线上线下立体互动，而不是单纯的"从线上到线下"，也不是简单的"从线下到线上"。

### 3.3.2.1.3　O2O 的运作方式

每种运作方式的实施路径并非绝对孤立的，而是相互作用后形成线上线下融合的闭环，进而形成一个连续、完整的系统。

（1）先线上后线下。所谓先线上后线下，就是企业先搭建一个线上平台，以这个平台为依托和入口，将线下商业流导入线上进行营销和交易，同时，用户又能到线下享受相应的服务体验。这个线上平台是 O2O 运转的基础，应具有强大的资源流转化能力和促使其线上线下互动的能力。在现实中，很多本土生活服务型的企业都采用了这种模式，比如腾讯凭借其积累的资源流聚集和转化能力，以经济基础构建的 O2O 平台生态系统。

（2）先线下后线上。所谓先线下后线上，就是企业先搭建线下平台，以这个平台为依托进行线下营销，让用户享受相应的服务体验，同时将线下商业流导入线上平台，在线上进行交易，由此促使线上线下互动并形成闭环。在这种 O2O 模式中，企业需自建 2 个平台，即线下实体平台和线上互联网平台。B2B（企业对企业）电子商务的基本结构是：先开实体店铺，后自建网上商城，再实现线下实体店与线上网络商城同步运行。目前，采用这种 O2O 模式的实体化企业居多，比如苏宁云商所构建的 O2O 平台生态系统。

（3）先线上后线下再线上。所谓先线上后线下再线上，就是先搭建线上平台进行营销，再将线上商业流导入线下让用户享受服务体验，然后再让用户到线上进行交易或消费体验。很多团购、B2B 电商等企业都采用了这种 O2O 模式，比如京东商城。

（4）先线下后线上再线下。所谓先线下后线上再线下，就是先搭建线下平台进行营销，再将线下商业流导入或借力全国布局的第三方网上平台进行线上交易，然后再让用户到线下享受消费体验。这种 O2O 模式中，所选择的第三方平台一般是现成的、颇具影响力的社会化平台，比如微信、微淘、大众点评网，且可同时借用多个第三方平台进行引流，从而实现自己的商业目标。餐饮、美容、娱乐等本地生活服务类 O2O 企业采用这种模式的居多。

### 3.3.2.2　全渠道营销

#### 3.3.2.2.1　全渠道营销的内涵

全渠道营销是指利用最新的科技和最有效的手段，把信息流、资金流、物流重新高效组合，把一切和消费者相关的触点发展为渠道，有机统一经营，个人或组织为实现目标，通过三流（信息流、资金流、物流）和两线（线上、线下），在全部渠道（商品所有权转移、信息、产品设计生产、支付、物流、客流等）范围内实施渠道选择的决策，然后根据不同目标顾客对渠道类型的不同偏好，实行针对性的营销定位，并匹配产品、价格等营销要素的组合策略。

#### 3.3.2.2.2　全渠道营销的实现路径

（1）建立数据库。数据库是全渠道营销规划过程的核心。真正有用的数据，不仅是一组客户名单或记录，还应该是客户曾经的购物详细情况，或者是潜在客户的资历与详细情况。通常，在客户参与研发、浏览、询价、购买、促销、售后和其他全接触点上的全行为信息，都是全渠道营销数据库的来源。

（2）评估与锁定价值型客户。消费者数据库可以按照客户的购买情况确定其财务价值，将客户分为意见领袖、优质大客户、中小客户、意向或目标客户和潜在客户 5 种基本类型，并分别为每种类型的客户量身定制不同的营销方案，分步骤逐步推进。

（3）了解客户接触点和偏好。全渠道营销执行之前，需要了解并评估客户能够接触到公司的各种方式与接触点，了解在何时、何地、什么环境下、用何种方法才能接触到客户，并了解客户偏爱哪种传播方式与传播渠道。只有这样做，才能根据每个接触点与客户偏好制定出未来最佳的营销与传播的组合方式。

（4）整合多种营销手段。利用多种媒体和形式，如微博、微信、论坛、奖券销售、App、电视广告和微电影，提高企业的宣传效果。同时，加强内容营销。只有那些产品有极致亮点的、内容有情感的，并且个性化的、价值观能引起共鸣的内容，才能在圈子中、社群中引起关注并获得口碑。

# 4　品牌建设的数字化创新与管理

## 4.1　品牌资产是企业的核心资产

### 4.1.1　品牌的定义

1960 年，美国市场营销协会（American Marketing Association，AMA）将品牌定义如下：品牌是一种名称、术语、标记、符号、图案或者它们的组合，以识别出某个或某类产品提供者以及他们的产品与竞争对手的区别。

凯文·莱恩·凯勒认为，品牌是一个立足于现实的认知集合体，它存在于人的认知中。这里的认知对象可以是企业，也可以是非营利组织，还可以是地区、个人等。实践证明，只要是可以被认知的事物就可以通过品牌化运营成为品牌。受众在心智中形成品牌认知，在这个过程中，所有能帮助其建立品牌认知的方式和过程，都应该得到全面的考虑，如品牌感知的方式，以及通过产品使用和服务体验来建立品牌的过程。基于这个视角，传播、广告和标识设计都只是创建品牌的基础工作，并不能代表品牌工作的全部，更不能限制和忽视企业其他部门对创建品牌的职责与作用。值得注意的是，很多的服务，即其他与顾客产生接触的过程，都是建立品牌的重要过程，企业不应只将其看作售后服务的一部分而忽略。

## 4.1.2　品牌的目的和本质

### 4.1.2.1　品牌的杠杆和溢价目的

品牌的目的是让企业和产品更值钱。比如，去超市买可乐，一瓶是可口可乐，另一瓶是不知名的可乐，可口可乐每瓶 3 元，不知名的可乐每瓶 2 元，你最后会选择哪款可乐呢？很多人都会选择可口可乐。这个例子中可口可乐和竞争对手的 1 元差额就属于品牌的溢价。

### 4.1.2.2　品牌是一个信用保障体系

品牌是多次博弈的结果。如果一个企业负责人对外宣称品牌好，就需要对这个品牌下所有品类的产品负责。品牌是一种责任性保障。如果产品质量差，不像宣传得那么好，那么没有人愿意持续买单，这样的品牌早晚会被消费者抛弃。所以，要想打造一个成功的品牌，首先要保证产品能立得住。如果产品本身不可靠，品牌营销是没有办法进行下去的。

### 4.1.2.3　品牌可以使成本降低

品牌的本质就是降低成本。品牌能够降低消费者的选择成本。选择成本是品牌经济学的核心要点，也是品牌建设的核心。成功的品牌能够使消费者对企业产生信赖和归属感，从而有利于企业扩大市场份额，节约营销成本。品牌自带的异质性使企业和产品能够被轻易分辨，这也使得社会对企业、产品的监督成本大大降低。

## 4.1.3　品牌资产的定义和模型

### 4.1.3.1　品牌资产的定义

凯文·莱恩·凯勒认为，品牌资产是顾客通过以往的认知和感知所形成的品牌知识，以及由此导致的对于品牌营销活动差异化的反应，包括品牌态度和相应的品牌行为。《华与华方法》的作者华杉认为，品牌资产是能给我们带来效益的消费者的品牌认知。这里指的效益有 2 个：第一，买我产品；第二，传我美名。

品牌通过建立品牌知识或认知来影响顾客的行为，差异化的品牌行为给企业带来差异化的经营结果。品牌的更高目标是收获品牌忠诚度，这意味着更低的获客成本、更高的营销投入产出比、更高的企业利润率。这是一条经过验证的坚实的因果链条。比如，忠诚的"果粉"是苹果公司每次发布新品后的主力购买人群，他们对价格接受度高，还会通过社交网络进行二次传播。所以，苹果公司的营销活动效率很高并且效果极好。这些因素互相叠加和强化，使得苹果公司成为世界上最挣钱的公司之一，这就是品牌资产为公司创造实实在在的经济效益的案例。

品牌对企业而言是一项非常重要的认知型资产。虽然我们无法在企业的财务报表中看到品牌资产，但品牌资产仍旧是企业经营努力的方向和财务绩效的源头。

### 4.1.3.2  品牌资产的模型

品牌资产应当包含哪些内容？品牌泰斗戴维·阿克认为，品牌资产应当包含品牌的知名度、认知度、信任度、美誉度以及忠诚度，如图 4-1 所示。其对应的是品牌知识及相应的品牌行为。品牌忠诚度有很多指标，比如一些表现出来的购买行为，以及品牌推荐度。

**图 4-1  戴维·阿克的品牌五度模型**

# 4.2 新消费品牌的崛起与建设路径

## 4.2.1 新消费品牌的崛起

每个时代都有新品牌，数字经济时代的新品牌尤其多。30 年前，食品饮料品类的新品牌是康师傅，个人护理、化妆品行业的新品牌是大宝，而现在，大量的新品牌正快速崛起。2021 年"6·18"大促时，天猫上有 459 个新品牌占据了细分品类的第一名，而 2019 年仅有 11 个。大量新品牌都是近 5 年创立的，而且，新品牌的快速崛起几乎都依托于数字化平台，直面终端消费者。

很多崛起的新品牌聚焦在特别细小的品类、人群及场景上。比如，有一家企业是专注做猫砂盆的，其产品智能猫砂盆能够进行全自动铲屎并且记录猫上厕所的数据。养宠物的人虽然很多，但这个产品聚焦的是喜欢养宠物但又不喜欢铲屎的人群，所瞄准的人群和场景更细。

我国大量新品牌的崛起，背后的原因是商业要素的核心——供给侧和需求侧都发生了根本性变化。

从供给侧角度来看，数字经济时代为商品提供了无限货架，任何品牌都能以更低成本拥有自己的货架，而不需要像传统工业经济时代那样必须通过渠道资源才能覆盖到消费者。依托数字化电商平台，品牌商可以让自己的产品精准触达客户。供给侧的变化为新品牌提供了很好的机会，新品牌不需要有非常强大的渠道和媒体资源，也可以触达非常小众且精准的长尾人群。

需求侧的根本性变化则包括几个方面。一是中国有巨大的人口规模红利。与国外市场不同，即便是细分的品类和场景，在中国市场依然会形成规模效应，从而将成本降低。二是多元的生活方式及人们价值观的变化，使人们更愿意去寻找新标签、新体验，尝试新产品。三是购买力升级让人们更愿意为非必需品、"锦上添花的价值"付费。80% 以上的新消费品都是锦上添花的产品而非必需品，这是消费需求向现代性升级的具体表现。四是消费者社群化让新品牌能够快速、低成本地实现市场扩散。

## 4.2.2 新消费品牌的建设路径

### 4.2.2.1 传统品牌和新消费品牌建设路径的区别

基于上文提到的戴维·阿克的品牌资产模型，本节将品牌资产模型简化为知名度、美誉度、忠诚度 3 个维度。品牌建设的过程也是企业品牌资产积累的过程，因此，本节从知名度、美誉度和忠诚度 3 个维度对品牌建设路径展开分析。

在传统媒体时代，传统品牌的建设路径总结下来就是一个金字塔路径：知名度—美誉度—忠诚度，如图 4-2 所示。在这条品牌建设路径中，知名度基本上靠广告推广来获得。在用广告打出知名度后，再去维护品牌的美誉度，最后才考虑忠诚度的转换问题。但是在传统媒体时代，广告推广依赖于大量的广告预算，这也意味着光是打造知名度这一步骤的费用投入就让绝大部分企业望而却步。对大量中小型企业而言，没有足够的预算，在知名度这一步就被卡住了，难以走完品牌建设的完整路径。

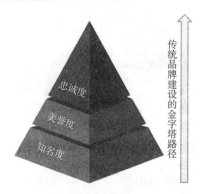

**图 4-2　传统品牌建设的金字塔路径**

而在数字时代，互联网的发展为品牌的建设路径提供了全新的可能。在消费信息满天飞的当下，口碑推荐正在成为影响用户决策的重要因素。通过口碑在特定消费族群里形成良好的美誉度，再通过社会化传播进行扩散——小米率先走出了这样的品牌建设路径。小米先找到自己的种子用户，在种子用户中建立美誉度；再将美誉度转化成忠诚度，当用户的忠诚度达到一定程度时，用户自发推荐的数量越来越多，用户规模的聚集就变成自然向前滚动的雪球；雪球越滚越大，用户积累越来越多，知名度自然就有了。

美誉度—忠诚度—知名度，这条全新的品牌建设路径，是如今的数字环境赋予新消费品牌建设的机会。

加拿大瑜伽服品牌露露乐蒙（Lululemon）则走出了另一条品牌建设路径。它通过打造一支以瑜伽教练、健身房教练为主的 KOL 队伍，和用户建立真实连接，向用户分享产品体验、品牌理念，使为瑜伽这项运动量身定制的高舒适度产品迅速赢得瑜伽爱好者的青睐。与传统的运动服饰巨头大规模投放广告不同，露露乐蒙几乎没有投放广告，其产品在黏性极高的瑜伽产品用户群中积累了大量的口碑，赢得了用户的忠诚与主动推荐，使其火速成为潮流人士追捧的新锐品牌。

无论是小米还是露露乐蒙，都为数字时代新兴品牌的路径建设做了示范。在《增长起跑线：数字营销实战指南》一书中，作者吴英劼和刘丹将传统品牌建设的金字塔路径进行解构、重塑，调整成数字时代品牌建设的"魔法三角形"（见图4-3）。

**图4-3　数字时代品牌建设的"魔法三角形"**

在这个品牌建设的"魔法三角形"中，品牌建设的路径不再是单一地从金字塔底端往上按部就班地进行，而是可以根据企业自身的情况灵活选择任意一个擅长的部分作为起点，再运用互联网工具完成整个品牌建设的闭环。

这是数字时代给予品牌建设的独特红利，因为在传统营销时代，没有数据环境对用户数据做积淀，没有社交网络环境对用户的优质口碑进行跨地域扩散，没有电商环境对用户需求做及时购买转化以实现品牌和销售之间的快速连接，所以无法支持这个三角形的链条进行自由流转，而只能像建造金字塔那样，一层层地向上垒砌，每一层都建立在下一层坚固的基石之上，并且承担每一层向上过渡的必然流失。

这也是近 10 年间中国涌现出众多新兴品牌的原因。互联网的独特环境给了很多中小型品牌弯道超车的机会，使一些过往受限于区域、垂直品类和资金预算量级的不知名品牌，在数字时代能以很少的预算和极快的速度成为小众知名品牌，甚至走出圈层成为大众知名品牌。

数字时代品牌建设的"魔法三角形"的优点在于，从任何一个起点出发，都可以走通整个闭环，既可以从知名度出发，也可以从美誉度出发，还可以从忠诚度出发。根据产品的特性及创始团队的特殊基因，营销管理者可以选择一条最适合自己的从零开始的品牌建设路径，不用按部就班地遵循品牌建设的金字塔路径，同时可以最大限度地发挥自己的优点，扬长避短。

### 4.2.2.2　从美誉度开启"网红"品牌建设路径

在数字时代，是谁在把握品牌流行度的走向？一个显而易见的事实是，社交网络正在决定用户对于一款产品的认知，用户在社交网络上可以了解一款意向性产品的评价、询问一款意向性产品的价格等。用户对产品产生的真实的使用体验在互联网上被分享、扩散、引导的过程，即线上公关（Electronic Public Relation，EPR），正在成为影响用户对产品和品牌口碑的重要一环。

用 EPR 迅速制造圈层内的热议度与流行度，在一定圈层内形成美誉度和忠诚度，再借由种子用户扩散到更广泛的圈层，最终获取品牌的知名度，这就是社交网络给广大新兴品牌带来的全新机会。近年来，大量的新晋美妆品牌都是借助这样的路径爆红网络的，一大批被称为"网红"品牌的新晋品牌也是经由这条路径迅速成名的。

社交网络具备很强的圈层性，线上社交网络的投射和线下的真实社交一样，物以类聚，人以群分，所以在一定圈层内的热议度与流行度是可以通过娴熟的 EPR 操作手法达到的。这也是一条可以通过少量预算建立用户口碑的捷径。

公关建立品牌，广告维系品牌。在数字时代，由权威媒体、自媒体、有影响的博主、广大普通用户构成的社会化舆论矩阵时刻在网络上发声，公关的主阵地已经转移到了互联网上，制造一起众人关注、多方参与的舆论事件，离不开对口碑舆论的精心策划与引导，于是 EPR 也成为品牌从 0 到 1 建立用户口碑的捷径。

### 4.2.2.3 以忠诚度开启强产品力的品牌建设路径

在从忠诚度开启的品牌建设路径中,第一个步骤主要是依靠粉丝和社群运营来实现的。也就是说,首先要找到品牌的种子用户。

互联网泰斗级人物、《连线》杂志的创始主编凯文·凯利曾经提出一个知名的"1000名铁杆粉丝"理论,即任何创作艺术作品的人,只需要拥有1000名铁杆粉丝就可以糊口。在这个理论中,凯文·凯利假定这1000名铁杆粉丝愿意为创作者创作出的任何作品付费。而这1000名铁杆粉丝就是从忠诚度开启品牌建设路径的第一批种子用户。如今社交网络的活跃度极高,依赖社交属性维护的社群经济和社交电商都很容易承担起初创品牌的成本支出,对初创品牌来说,在线上更容易迅速盈利,实现弯道超车。

找到种子用户,驱动他们的口碑和热爱,让他们变成最早对品牌有忠诚度和美誉度的一批人,这就是"1000名铁杆粉丝"理论实现品牌建设的路径,也是数字时代的营销管理者必须具备的技能。这条路径分为以下3个步骤。

#### 4.2.2.3.1 找到自己的种子用户

对功能性的产品来说,找到自己的种子用户是相对容易的。例如,露露乐蒙从瑜伽服起家,就从瑜伽教练和瑜伽教学社群中寻找自己的种子用户;小米主要经营手机,则从手机爱好论坛中寻找自己的种子用户。社交网络是一个可以迅速找到种子用户的地方,如母婴类产品的种子用户可能在母婴社群,美妆产品的种子用户可能在年轻女性聚集的平台或社群,招聘类产品的种子用户可能在职场交流社群。

社交网络是性价比较高的找到种子用户的渠道,因为每一项产品对应的兴趣点都能在社交网络上找到对此感兴趣的人群。对于兴趣点不是很强烈的产品,也可以在社交网络上运用广告营销的方式去唤起用户对产品的兴趣,通过一遍遍的数据筛选和数据清洗,最终找到对产品感兴趣的人群,找到产品的种子用户。

戴森就是这样的品牌。戴森作为一个进入中国市场不久的家电产品品牌,并不能直接在社交网络上找到家电爱好者人群,它也从不在微信、微博账号上投放广告,或请名人加KOL制造圈层内的流行度。戴森运用自己良好的产品力,常年在腾讯和阿里巴巴这两个用户平台上做广告投放,测试哪一类人群对自己的产品感兴趣,通过一层层捕鱼式的测试和筛选,最终将对自己产品感兴趣的种子用户留在自己的平台上并实现转化。

#### 4.2.2.3.2　让自己的产品具备"可晒性"

当用户收到产品并愿意在社交网络上主动晒出产品的时候，用户就成了企业"赚来的媒体"。除了产品本身的"可晒性"，"同款"也是用户主动晒某款产品的重要考量维度，即这款产品是不是明星、"网红"、KOL 也在使用的产品。对营销管理者来说，先把产品送给明星、"网红"、KOL 使用，再付费请他们分享使用体验并给出好评，是一个很好的带动普通用户跟风晒产品的方式。所以，如何让产品具备"可晒性"是营销管理者需要思考的问题。

#### 4.2.2.3.3　利用社群运营驱动用户

社群运营是触动美誉度和忠诚度的第三步，即宠爱用户，让用户为产品疯狂，以持续增加免费的品牌口碑，赚取大量的免费曝光。

同一社群中的人因为同样的消费水平和消费喜好而关联在一起，当他们都在为一个品牌疯狂时，会持续加深同类人群对这个品牌的认同，进而驱动其他用户将品牌分享给周边的朋友。这样，品牌就获得了知名度。

### 4.2.2.4　从知名度开启强资金能力的品牌建设路径

对资金相对充裕的品牌来说，资金是一个可以抬高竞争门槛的武器。对拥有上亿元预算的品牌而言，充裕的资金可以让它比那些因为启动资金有限而从忠诚度开启品牌建设路径的品牌更快引爆品牌。

在国内市场领跑中国饮用水品牌的农夫山泉，在品牌建设上以擅用长视频、讲故事的方式而闻名。2014 年，农夫山泉在央视首发了一个长达 3 分钟的纪录片式广告。纪录片式广告的投资成本巨大，从制作到媒介投放都是高门槛，而且稍有不慎便有石沉大海的危险。但这种方式新颖、制作精良的纪录片式广告从品质层面上详细地向人们传达了品牌的核心价值——水源好，就是产品好。该广告一经推出，市场反响极好，于是农夫山泉再接再厉，又推出了几个纪录片式广告来讲述其水源的优质。

近年来，运用上亿元资金的高杠杆迅速建立新品牌的还有小罐茶。小罐茶在亮相的第一年，通过在央视密集投放长视频广告的形式迅速达到强曝光，并引起人们的关注。一时间众多微信公众号都在议论横空而出的小罐茶是什么。由于小罐茶是一个全新的词汇，在互联网上从未出现过，因此在数字环境中的流量收口就变得异常简单。当人们在互联网上搜索小罐茶的具体信息时，小罐茶在百度、阿里巴巴、京东商城这 3 个重要的搜索入口分别通过百度品牌专区、天猫旗舰店、京东旗舰店进行流量拦截，实现对广告投资的高知名度的收割，再利用人们想要进一步了解产品的好奇心，在自己的电商销售平台上进一步实现产品的品质教育和销售转化。

小罐茶的整体做法，也是在用大资金撬动权威媒介的高杠杆之外，在数字环境中进行完整的流量拦截和收割，从而在电商平台实现用户沉淀。纵观很多新品牌，上市时没有做好知名度沉淀的准备，抱着钱去砸广告，缺乏对用户沉淀和用户运营的思考，等资金用完，用户的好奇心消失，品牌也就失去了大资金本来可以带来的高杠杆。

# 4.3　品牌形象、定位的数字化发展策略

品牌策略主要包括单一品牌策略、多品牌策略、复合品牌策略、副品牌策略、品牌延伸策略等。

## 4.3.1　单一品牌策略

单一品牌策略是指企业生产或经营的所有产品都使用同一个品牌的战略。单一品牌策略多是企业实施品牌延伸策略的结果，即企业以某一产品或服务为载体创造出品牌后，再将既有的品牌延伸到开发、生产或收购、兼并的其他产品上。许多企业实施单一品牌战略都获得了成功。

实施单一品牌策略的条件：（1）企业的各种产品要有密切的关联性；（2）企业的各种产品要有大致相同的水平；（3）企业的各种产品应有大致相同的目标顾客群。

实施单一品牌策略的优点：（1）助于减少企业开支；（2）有助于新产品打开销路；（3）集中力量于一个品牌，有助于企业集聚优势资源。

实施单一品牌策略的缺点：（1）企业的产品如果有一个出现了问题，就会毁坏整个品牌的声誉和形象；（2）不能很好地满足不同购买者的需要，从而影响商品的销量。

例如，娃哈哈原本是营养液品牌，待娃哈哈成名后，企业又将该品牌延伸到了乳酸饮料、碳酸饮料、八宝粥、矿泉水等产品上，最终形成了企业的单一品牌策略。

## 4.3.2　多品牌策略

截至 2020 年 3 月，累计入驻聚划算百亿补贴活动的官方旗舰店已经超过 1800 家。上线 3 个多月的聚划算百亿补贴活动已打出了自己的一片天地。

聚划算百亿补贴自 2019 年 12 月上线以来，气势如虹，先是推出"2019—2020 聚划算百亿补贴跨年夜"成为行业焦点，后又投入 10 亿元成为 2020 年春晚独家电商合作伙伴。

通过聚划算 3 个多月的百亿补贴活动可以发现，当前阿里构建"天猫＋淘宝＋聚划算"全面覆盖高、中、低端市场的多元化品牌战略布局已逐渐清晰，其中天猫主打国内乃至全球的一线消费市场，淘宝主打大众消费市场，而聚划算是阿里在下沉市场中的重要抓手。

多品牌策略是指企业对于其生产或经营的产品使用 2 个或 2 个以上品牌的战略。例如，可口可乐家族除了可口可乐、雪碧等外国品牌外，还有醒目、天与地这样土生土长的中国品牌。

采用多品牌策略的原因：（1）多占货架面积；（2）给品牌忠诚的消费者提供更多的选择；（3）降低企业风险；（4）鼓励内部合理竞争、激扬士气；（5）各品牌具有不同的个性和利益点，能吸引不同的消费者。

实施多品牌策略的特点：（1）不同的品牌针对不同的目标市场。例如，同属于宝洁，飘柔强调使"头发更飘、更柔"，潘婷则突出"拥有健康，当然亮泽"，海飞丝则是"头屑去无踪，秀发更出众"。（2）品牌的经营具有相对的独立性。例如，在宝洁内部，飘柔、潘婷和海飞丝分属于不同的品牌经理管辖，他们之间相互独立、相互竞争。

实施多品牌策略的局限性：（1）成本高，需要足够的高质量的品牌管理人才；（2）要有完善的跨部门管理协调体制；（3）要有一定规模的品牌建设资源。从这个角度来说，多品牌策略只适用于那些具有一定实力的企业。

## 4.3.3　复合品牌策略

复合品牌策略是指对同一种产品赋予2个或2个以上的品牌，又分为2类：注释品牌策略、合作品牌策略。

### 4.3.3.1　注释品牌策略

注释品牌策略是一种最基本的复合品牌战略，是指在一种产品中同时出现2个或2个以上的品牌，其中一个是注释品牌，另一个是产品的主导品牌。主导品牌通常是产品品牌，说明产品的功能、价值和购买对象。注释品牌则通常是企业品牌，为主导品牌提供支持和信用。

实施注释品牌策略的优点：把具体的产品和企业组织联系在一起，可以增强顾客的购买信心。例如，吉列公司生产的一种刀片品牌为"Gilletle，Sensor"，其中 Gilletle 是注释品牌，表明是吉列公司生产的，为该刀片提供了吉列公司的支持和信用；而 Sensor 是主导品牌，说明该刀片的特点。有关统计资料表明，在全世界位列前 20 名的日用品牌中，有 52% 的产品实施的是注释品牌策略。

### 4.3.3.2　合作品牌策略

合作品牌策略是指 2 个企业的品牌同时出现在同个产品上，体现了企业间的相互合作。

实施合作品牌策略的优点：合作双方可以互相利用对方品牌的优势，提高自身品牌的知名度，从而扩大销售，提高市场占有率，并且可以节约成本费用和缩短产品进入市场的时间。实施这一策略最成功的例子就是英特尔公司。英特尔公司为了反击竞争对手，推出了奔腾系列的芯片，拟每年花 1 亿美元，鼓励计算机的制造商在其产品上使用"Intel Inside"的标识。参与这一计划的计算机制造商购买奔腾芯片时，英特尔公司会给予折扣，因此在消费者心目中形成了一种印象——计算机就应该使用英特尔公司的芯片，从而使销售额大大增加。

## 4.3.4　副品牌策略

副品牌策略是指企业在生产多种产品的情况下，给其所有产品冠以统一品牌的同时，再根据每种产品的不同特征为其取一个恰如其分的名称。

副品牌的深层作用是以较低的成本吸引眼球并提升品牌知名度，强化品牌核心价值，活化主品牌，赋予主品牌年轻感、成长感，提升主品牌的各项美誉度指标，如亲和力、技术感、高档感、现代感、时尚感。

实施副品牌策略的优点：（1）副品牌能起到"同中求异"之效；（2）副品牌可使产品更富个性之美；（3）副品牌为新产品留下空间；（4）副品牌兼具促销之用；（5）副品牌可壮大企业之势。

实施副品牌策略的特点：（1）广告主宣传的重心是主品牌，副品牌处于从属地位；（2）直观、形象地表达产品优点和个性形象，例如松下彩电的副品牌"画王"传神、逼真、自然地表达了画面；（3）副品牌口语化、通俗化，能起到生动、形象地表达产品特点的作用，而且传播快捷广泛，易于较快地打响名号，海尔"帅王子"、TCL"巡洋舰"等均具有这一特点；（4）副品牌较主品牌内涵丰富，适用面窄，例如"小厨娘"用于电饭煲等厨房用品十分贴切，能产生很强的市场促销力，但用于电动剃须刀、电脑等则会力不从心。

## 4.3.5 品牌延伸策略

品牌延伸策略是指将品牌要素完全或部分延伸至其相关的新产品，甚至不相关的行业、领域。实施品牌延伸策略可以利用品牌优势快速切入新市场，并节省市场进入的成本以拓展活动半径，强化品牌升值，增强企业活力、生命力，达到提高企业整体利润的目的。

品牌延伸策略有 4 个取向：（1）是否跨行业，包括同行业延伸、跨行业延伸；（2）垂直延伸还是水平延伸；（3）内涵是否变化，包括内涵不变延伸、内涵渐变延伸；（4）命名是否改变，包括直接冠名、间接冠名、副品牌式延伸。

例如，雅马哈依托摩托车产品成为著名品牌后，雅马哈的吉他和古典钢琴等产品的知名度也得到提升。企业利用成功品牌的声誉来推出改良产品或新产品的策略就是品牌延伸策略。

创立于 2004 年的 Facebook，旗下拥有 Instagram、WhatsApp 和 Ooulus 等主要产品，这些产品都有自己强大的品牌，但并不总是与 Facebook 直接相关。

2018 年 11 月，他们推出了 Facebook 新标识，如图 4-4 所示。

# FACEBOOK
# FACEBOOK
# FACEBOOK

图 4-4　Facebook 新标识

不同于以往标志性的蓝色小写字母风格，该标志采用全新的字体以大写字母显示"Facebook"，并匹配不同产品的颜色，这些颜色分别代表了该公司的子品牌，其中，蓝色代表 Facebook，绿色代表 WhatsApp，粉红色代表 Instagram 等。

不过，品牌延伸的做法，也可能不但没有借助原有品牌的知名度，反而因为品牌延伸的失败伤害原有的品类，改变消费者对原有品牌的好感。

## 4.4　品牌资产的数字化升级

跳出创意和战术级传播思维，真正建立品牌战略思维，关注深度品牌资产的建立，提升品牌溢价，解决企业痛点，这是品牌的核心价值所在。

品牌是一项战略资产，对长期业绩起着关键作用，因此需要进行长期管理。品牌资产结构包括 4 个维度：品牌知名度、感知质量、品牌忠诚和联想。

数字时代，品牌不是曝光，不是点击，不是分享，而是长久以来在人们心中积累的形象和联想。只有回归对品牌最本质和最基础的理解，才能够参透企业所在行业的深远意义，才能够明白"品牌资产"不是"一日说，一时做"，而是"说是一句话，做是万般心"。

2020 年 5 月，阿里巴巴集团天猫品牌营销中心联合波士顿咨询公司共同发布《数字营销 3.0：DeEP 品牌心智增长方法论》，首推品牌资产评估体系——DeEP 模型。该模型充分结合了波士顿咨询公司的行业经验和阿里巴巴的生态资源，为品牌提供一套实时、快速、"品""效"结合、可跨触点衡量品牌效果的评估体系，为品牌占据用户心智提供全面的数字化解决方案，建立数字化品牌资产。

阿里巴巴集团表示："我们发布 DeEP 品牌资产体系是为了让品牌更加清晰地看到数字运营过程中的方向、程度、效果和潜力。这个体系强调消费者和品牌的关系深度，可以提供数字化的品牌诊断，匹配驱动品牌资产增长的人、货、场策略，让品牌的数字化运营做得更加科学、透明。"

让我们看看土星汽车是怎么做的。

## 4.4.1　使命：世界一流的产品

1985 年 1 月 7 日，通用汽车董事长罗杰·史密斯宣布成立土星公司，他将此举称为"通用汽车作为国内生产商拥有长期竞争力、生存和成功的关键一步"。土星项目诞生之日，正好是美国制造商缺乏世界一流汽车生产能力的时候，而通用汽车本身也有过几次无果尝试。

从一开始，土星背后的动力就是制造一款世界一流、能够与当时的日本进口汽车（如本田思域和丰田花冠）相媲美甚至更胜一筹的小型轿车。这种汽车需要在可靠性、安全性、感觉、外观和整体优势等方面满足用户对顶尖进口汽车的期望，这一质量使命正是土星企业文化和品牌形象的一个决定性因素。

人们通常会错误地认为，品牌的建立可以单纯地通过广告来实现，而无须提供承载产品质量和价值的产品或服务，简而言之，品牌形象仅仅是个广告问题。但事实上，产品本身才是品牌形象的决定因素。

说起土星对质量的重视，有一个众所周知的例子，就是土星公司保证退款的承诺。在购车后的 30 天内，或里程在 2400 千米以内，无论是哪种情况，购车者均可以无条件全额退款，或更换汽车，这一规定使顾客可以放心地购车。同时，土星公司做出了对劣质轿车巨额经济赔偿的承诺，这也说明土星品牌对产品质量的自信。

## 4.4.2　团队精神：一家与众不同的公司

通用汽车有一个基本假设：在通用汽车公司现有的组织结构框架内，根本生产不出世界级水准的小型轿车，也无法创建一个牢不可破的质量理念。因此，一个新的公司成立了，它有权生产一种全新的产品，而且可以创建一种全新的组织结构，而无须受到全美汽车工人联合会（UAW）合同的种种限制，也完全摆脱了通用汽车管理层与劳工之间由来已久的对立关系，没有当前品牌家族带来的种种局限，也无须承袭现有的经营方式。土星汽车的员工打破了他们与通用汽车的原有关系，在田纳西州的斯普林西尔镇建立一个"绿地"生产基地。

共同的团队目标渗透土星整个公司内部，目标与奖励也都建立在团队和组织目标的基础上，使整个企业具有强大的力量。例如，将负责制造的员工20%的薪酬与工厂的生产能力和产品质量挂钩。

## 4.4.3 通过推销公司而非产品建立感知

仅仅靠生产世界一流的汽车还不足以建立强大的品牌，顾客感知才是建立品牌的决定性因素，土星品牌如何才能让人们相信这一现实呢？

最显而易见的方法，基本上也是所有汽车制造商都使用的方法，就是直接告诉消费者这款新车为什么这么好。可以使用"对完美品质的不懈追求"或"上至车顶、下至引擎盖，都做过良好的调整"之类的广告词，还可以着眼于细节：安全功能、外部设计和抛光、省油、加速表现、舒适度、汽车标志的认可、灵活快捷的操作等。如果将焦点集中在汽车本身，辅以连续不断的逻辑和令人目不暇接的事实来加大劝说购买的力度，那么土星可以描述的细节无疑更多。

但是，那种以产品为导向的逻辑性说服方法几乎注定要失败，因为其他品牌已经采用过。多年来，福特的口号一直是"质量是第一要务"，本田似乎拥有不错的顾客满意度指数。土星遵循这些方法制作出来的广告肯定会给人一种雷同之感，难以引起人们的注意，更不能取得人们的信任。而且，由于质量诉求的类似性，顾客对汽车特性的关注将使得价格成为购买与否的决定因素。

要解决这一难题，就要推广这个公司，包括公司的价值观、企业文化、公司员工及顾客，而不是推广公司生产的汽车。

在土星汽车早期的广告中，土星的员工是有着不同个性的人，他们对产品质量和团队协作有着深厚的感情。例如，在某些广告中，工人描述了汽车在他们孩童时代的意义；另一则广告则反映了转向新领域和创建新公司需要做出的牺牲与承担的风险；有的广告则描绘了工人看到第一辆土星汽车下线时的自豪感。

在早期的广告中，土星向未来用户表明：土星及其员工绝不会设计、制造或出售非世界一流的轿车，原因很简单——土星品牌是出类拔萃的。毋庸置疑，广告的可信度转化成了隐含的产品诉求。相反，大多数产品导向类汽车广告的主要问题就是自相矛盾的吹嘘带来的信任鸿沟，因为这些吹嘘根本不是事实。因此，顾客必然会认为一些广告是虚假的，至少是夸大事实的，这种看法对所有广告都产生了负面影响。但是，土星品牌选择了一条与众不同的途径，这种做法使之轻松地从众多的汽车广告中脱颖而出。

### 4.4.4 建立与顾客的联系

在建立品牌识别时，大多数品牌特别是轿车品牌都将重点放在安全性、经济性、操作方便和驾驶舒适度等属性上，这种定位策略通常都比较容易被模仿和超越，因此难以打造较高的品牌忠诚度。强势品牌通常能够超越产品属性，将品牌识别建立在品牌个性和客户关系上。

除了质量至上和团队导向外，客户关系模式也是公司文化的决定因素和根本特点。

土星可以被描述为一个内心年轻、诚实可靠、和善亲切、脚踏实地的形象，它关注对方的需求，并像朋友一样尊重和关怀对方。此外，这个形象精明强干而且可靠，是一个值得尊重和信任的"人"。土星工程小组组长说，土星公司是一个有思想、友善、而且不会令你失望、不会令人自卑的"人"。拟人化的土星不会有外国口音，也不会用居高临下的口吻与顾客谈话，而是带着敬意和友善与顾客交谈。将土星比作一个人的做法，有助于更深刻、更清晰地理解该品牌与顾客的关系。

按照土星零售商的说法，土星的品牌与顾客的关系还有另一个方面，就是顾客对土星品牌的自豪感，因为土星汽车以美国汽车的身份击败了日本汽车公司，土星员工对工作尽职尽责，而顾客本身也为选择了美国汽车而自豪，这与许多新用户以产品为中心的自豪感完全不同。这种自豪感之所以存在，原因之一是工厂坐落在田纳西州的斯普林希尔，另一个原因是美国员工对土星极高的忠诚度。土星用户之所以购买和使用土星汽车，不只是为了享受汽车的功能特性，还由于他们的价值观和个性。土星从未使用过雪佛兰的"美国心跳"或奥兹莫比尔的"美国梦"之类的广告语，如果土星用了这类广告语，顾客的自豪感可能不会如此强烈。

### 4.4.5　零售商战略

汽车用户已经习惯了进入展厅后就立即被迎面而来的销售员包围，销售员会不厌其烦地劝顾客现场试驾，试驾还没结束，就又迫不及待地要求顾客购车。最典型的说辞是："如果我只收你××××元，你今天会买吗？"访谈小组、经销商团队以及简单的思维逻辑明确无误地表明，顾客非常反感这样的销售模式。

因此，土星决定选择一种全新的销售模式。当顾客进入汽车展厅以后，不会有销售员簇拥而来。在土星的汽车展厅内，那些有固定薪水的销售顾问只是在大厅内自由走动，随时为前来参观的顾客提供答疑服务。这些销售顾问经过良好的培训，不仅能回答顾客的问题，还能详尽地解释轿车和公司的设计理念，并对产品的特色了如指掌。更为重要的是，讨价还价的行为是绝对禁止的。零售价格能让零售商获得一个理想的利润率，无论顾客是否购买，零售价格都不会有任何浮动。土星的月薪制销售顾问的低压力工作系统是基于整个组织的。销售系统的主要构成要素包括来自非汽车行业的销售顾问、根据客户满意度而非个人销售业绩而定的薪酬激励机制、以尊重和关怀客户为核心的企业文化，以及与其他部门之间的结构性联系。相反，在福特、雪佛兰和丰田，整个组织的目标就是通过销售系统来销售汽车。一个企业如果仅仅是单纯地模仿土星销售系统，而不对组织结构进行改进，肯定难以成功，改变组织结构是一个企业最难实现的事情。

在支持土星品牌形象方面，土星零售商担任品牌建设者，为品牌建设发挥了关键作用。他们不仅使消费者获得了身心愉悦的购物体验，避免了以往那种紧张、有压力、有胁迫感的购车体验，同时还明显地传递了土星公司不只是汽车生产商和销售商的事实。

### 4.4.6　与众不同的公司

品牌标语（又称品牌口号或广告语）可以表达一个品牌的精髓，成为品牌资产的重要组成部分。如果一个品牌具有多重内涵，那么品牌标语就像一条漂亮的丝带，能为品牌增添特别的色彩。好的品牌标语能清晰地确立品牌在竞争中的定位，并体现品牌战略的活力，它既是对员工的激励，也是对顾客的宣传，不仅明确了公司的价值观和企业文化，而且还为组织和传递特定的品牌特征与品牌活力提供了有力支撑，否则，这些特征和活力只能是支离破碎、面目全非的片段。"与众不同的公司，与众不同的汽车"这个标语具备同样的功能，成为土星品牌资产的重要组成部分。它表明土星汽车与其他汽车品牌的不同，在美国，土星是能与进口的日本汽车相媲美的世界一流产品。"与众不同的公司"的定位体现了土星在公司经营和客户关系方面的独特方式。汽车的与众不同与独特的公司是密不可分的，前一句标语为后一句标语提供了依据。如果土星直接宣称自己的汽车是世界一流的汽车，那么它很可能难以实现预期的顾客感知。

经过一系列的经营创新、顾客确认，土星作为通用汽车挑战本田、丰田和日产等品牌的有力武器，取得了全面的成功。调音结果显示，70%以上的土星用户原本不打算购买通用汽车，超过一半的土星用户原本是日本汽车的用户。

土星的成功来自多方面，但大道至简，诚如其首席执行官理查德·斯基普·勒夫所言："土星不只是一辆汽车，它是一种理念，是一种全新的做事方式，与顾客、与别人合作的方式。它不只是一场产品的革命，还是一场文化的革命。"

以上以土星为例阐述了品牌价值的形成策略，不同的企业往往有不同的品牌策略。

# 5　数字化用户的识别与种子用户培养

## 5.1　大数据用户画像与消费者心理洞察

### 5.1.1　大数据用户画像

#### 5.1.1.1　概念起源

　　一直以来，更好地了解用户以实现可持续的销售，维护品牌的长久存在，是营销者孜孜不倦的追求。用户画像便是这种追求的产物。从用户画像概念的提出到今天大数据用户画像的形成，营销者从未停止对用户洞察方法的探索。

　　用户画像的概念最早在 20 世纪 80 年代由"交互设计之父"艾伦·库珀提出。用户画像是从真实的用户行为中提炼出来的一些特征属性，并可形成用户模型，它们代表了不同的用户类型及其所具有的相似态度或行为，这些画像是虚拟的用户形象。用户画像将人们划分成不同的群体，每个群体都有相同或相似的购买行为，因为具有共同的价值观与偏好，所以他们对待某一品牌、产品或服务时也会体现出类似的态度。因此，用户画像所描述的是不同的用户群体最显著的差异化特点。

　　用户画像可简单可复杂，这主要基于使用用户画像的具体目的。无论是简单还是复杂，用户画像最核心的功用在于帮助企业明晰是什么因素驱使不同的用户群体购买或使用该企业的产品与服务。在营销中，用户画像经常与市场细分的概念合用，代表着某一个细分市场的典型用户，它帮助企业或政府更好地理解用户及其诉求，与其进行有效沟通。

不难发现，用户画像是为了更好地理解目标用户的行为与需求，它们更多是定性的用户形象。

正因为其"定性"特征，早期的用户画像主要关注的是用户行为背后的原因而不是行为本身。

### 5.1.1.2　大数据用户画像的定义

大数据用户画像与识别是指用数字化的技术表述消费者的各种特质以及这种特质在时间和场景下的集合，它能帮助营销管理人员精确定义目标消费者，并在此基础上设计营销战略，即在已知的用户购买行为事实或数据之上，整理出用户相对完整的档案。

由于每一个抽象出来的用户特征会用一个相应的标签来表示，因此，大数据用户画像也常被看作关于用户信息的各种标签的集合。大数据用户画像带给我们的不是一个具象的人物类型，而是关于所有对象的不同类型的数据所呈现的总体特征的集合。

在大数据用户画像中，既需要按照大数据的计算，通过各种标签还原出消费者的各种特质与轨迹，又需要把消费者放入情景中，把这些特质的表现串联起来，这样营销战略既有数据化的精确，又能有效切入消费者的生活轨迹。

画像数据维度的划分方法根据企业的使用目的而不同，但一个典型的用户画像通常会采用以下维度，根据不同的划分角度，这些维度会有重叠的部分。

（1）人口学特征。如性别、年龄范围、收入、家庭状况、所属行业。

（2）生活方式特征。如消费特征，包括消费状况、购买力、消费地点偏好等，还包括美食偏好特征、教育选择、设备使用偏好等。

（3）线上行为特征。如上网行为特征，包括网站浏览行为特征、邮件使用、搜索行为等，还包括 App 的类型选择和使用特征。

（4）线下行为特征。它既可以是地理位置移动信息，如出行规律、商圈级别、差旅习惯，也可以是休闲行为信息，如旅行的目的地、酒店选择偏好。

（5）社交行为特征。如社交人群、社交习惯（包括线上、线下的习惯）。

### 5.1.1.3　大数据用户画像的特点

在无处不互联的今天，大数据用户画像所搜集的数据类型之多、数据量之大，可以用"无孔不入"来形容。让我们将大数据用户画像看作早期用户画像的一个进阶版，那么大数据用户画像的进化体现在以下几个方面。

（1）大数据用户画像呈现的是真实用户抽象后的全貌，而早期用户画像呈现的是虚拟的典型用户模型。

（2）大数据用户画像的数据量极其庞大，样本量相比早期用户画像上升了一个量级，几乎是全样本的，并且它汇集了每一个用户的各种数据，是全方位的数据集合。

（3）大数据用户画像的数据来源更为广泛，可以来自用户的网络行为数据、客户关系管理（CRM）数据、商业数据或第三方数据，这些数据甚至涵盖了之前被认为与营销根本不相关的方面。

（4）大数据用户画像数据获得的方式也不再是以市场调研为主，企业甚至不需要组织小组调研或专题研究，不需要与用户面对面交流。

（5）大数据用户画像不仅描述了用户的样式或动机，而且直接展示用户正在做什么，再现了用户的生活活动。

（6）早期用户画像是静态的，而大数据用户画像是动态的，可实时搜集用户数据。

大数据用户画像会尽可能完整地搜集每一个用户的各种不同类型的数据，它具有定量的特征，是数据化的，并且是海量数据。定量的特征使大数据用户画像不再局限于对行为背后的原因，即"为什么"的追求，而是回归到行为本身，即关注"是什么"。正是这个"是什么"，将潜在的用户转化为真正的用户。

## 5.1.1.4　大数据用户画像的商业价值转化

"我知道我的广告费有一半是浪费的，但我不知道浪费的是哪一半。"所有企业都希望营销计划更为精准有效，以提升营销投资回报率。其实，广告费的浪费无非就是因为目标用户、渠道选择、投放时机、传播内容四者没有形成良好的匹配。在大数据时代下，知道广告费浪费的是哪一半成为可能，因为大数据用户画像是实现这四者精准匹配的基础。

### 5.1.1.4.1　个性化推荐

互联网时代，越来越宝贵的是大家的注意力、关注点，个性化推荐技术也就成为各类 App 黏住用户的必杀技之一。就拿"双 11"来说，淘宝等众多电商 App 的成交额逐年创新高，这在一定程度上也要归功于推荐算法逻辑的不断完善，在提高推荐精准度的同时，甚至能够依据用户的实时行为快速地修正画像，从而推荐最新的清单。除了购物，资讯、视频、音乐、社交等 App 都特别重视个性化推荐技术的使用，以期做到千人千面。

#### 5.1.1.4.2　广告精准营销

移动互联网的发展也极大地冲击了广告投放的方式——当广撒网的传统做法再也无法满足精准营销的需求时，基于用户的喜好与特性去投放广告将成为主流，比如电商应用内横幅等黄金位置的展示、站外渠道如 App 的开屏广告、视频前的贴片广告。基于大数据用户画像去指导广告的投放，不仅能够降低成本，还可以大大提高点击率及转化率，提升整体广告投放效果。这也正是所有营销人关心的重中之重。

#### 5.1.1.4.3　辅助产品设计

每个产品在推出时，都会有自身的定位。但随着大环境的变化，App 在每一次迭代时，不仅要考虑自身发展的规划，同时还要结合用户的特点，从而使自己的服务更契合受众。

#### 5.1.1.4.4　精细化运营

无论产品在什么样的发展阶段，精细化运营都是重要的参考方向。比如，资讯类 App 经常使用消息推送的方法将用户可能感兴趣的内容及时奉上，以确保在用户通知栏上展现的大多是他们感兴趣的内容，保证 App 活跃度的同时避免产生打扰。

## 5.1.2　消费者心理洞察

无论是线上还是线下，无论是实体产品还是虚拟产品，消费者的购买行为会受其心理的支配，影响消费者购买行为的心理因素包括动机、感觉和知觉、学习、信念和态度等心理过程。

### 5.1.2.1　动机

心理学理论认为，人的行为是由动机支配的，而动机由需要引起，购买行为也不例外。需要是人感到缺少些什么从而想获得它们的状态。一种尚未满足的需要会产生内心的紧张或不适，当它达到迫切的程度，便成为一种驱使人行动的强烈内在刺激，称为驱策力。这种驱策力被引向一种可以减弱或消除它的刺激物（如某种商品）时，便成为一种动机。因此，动机是一种推动人们为达到特定目的而采取行动的迫切需要，是行为的直接原因。在一定时期，人们有许多需要，只有其中一些比较迫切的需要才能发展成为动机；同样，人们的动机中，往往只有那些最强烈的"优势动机"才能导致行为。需要是个体缺乏某种东西时产生的一种主观状态，是客观需要的反映。这些客观需要既包括人体内的生理需求，也包括外部的、社会的需求。例如，人体血液中的血糖降低，这也是一种客观的需求，血糖降低会使下丘脑被激活，经过神经传至大脑，这样人就产生了进食的需要。同样，社会的需求也必须为个人所接受，才能转化为个人的需要。

需要作为客观的反映并不是一个消极的、被动的过程，而是在人与客观环境相互作用的过程中，在积极的活动中产生的。美国心理学家马斯洛在1943年提出了需要层次理论，这种理论把人类多种多样的需要归纳为5大类，并按照它们产生的先后次序分5个等级。马斯洛在晚年又将需要补充为7类（后面会讲到）。下面介绍马斯洛提出的人类的5类需要。

### 5.1.2.1.1 生理需要

生理需要是人类最原始的基本需要，包括饥、渴、性和其他生理机能的需要。这些需要如不能得到满足，人类的生存就成了问题。因此，生理需要是推动人类行动的最强大动力。马斯洛说："无疑，在一切需要中，生理需要是最优先的，这意味着，在某种极端的情况下，即在一个人生活上的一切东西都没有的情况下，很可能主要的动机就是生理的需要，而不是别的。一个缺乏食物、安全、爱和尊重的人，很可能对食物的渴望比别的东西更强烈。"

### 5.1.2.1.2 安全需要

当一个人的生理需要得到满足之后，就想满足安全的需要。一般情况下，在一个和平的社会里，"健康的、正常的、幸运的成人，他的安全需要基本上是得到满足的。一个和平、安定、良好的社会常常使得它的成员感到很安全，不会有野兽、极冷极热的温度、犯罪、袭击、专制等威胁"。但是，如果一个人生存在一个不安定的社会中，如果一个人不健康或不幸运，那么他的安全需要就会很强烈，他会要求有就业的保障，有年老或生病的保障，等等。此外，人们对安全的需要还表现为另一种情况，即人们总喜欢选择那些自己熟悉的、已知的而不是陌生的事情。

#### 5.1.2.1.3  爱与归属的需要

"假如生理和安全需要都很好地被满足了，就会产生爱、情感和归属的需要……"显然，我们可以把马斯洛的观点理解成2个方面：一是爱的需要，即人都希望伙伴之间、同事之间的关系融洽或保持友谊和忠诚，希望得到爱情，希望爱别人和被别人爱；二是归属的需要，即人希望有一种归属感，希望归属于某一集团或群体，希望成为其中的一员并相互关心和照顾。

#### 5.1.2.1.4  尊重的需要

社会上所有的人（病态者除外）都希望自己有稳定的、牢固的地位，希望得到别人的高度评价，需要自尊、自重或为他人所尊重。牢固的自尊心意味着建立在实际能力基础上的成就和他人的尊重。这种需要可分成2类：第一，在所处的环境中，希望有实力、有成就，能胜任和有信心，以及要求独立和自由；第二，要求有名誉或威望（可看成别人对自己的尊重）、赏识、关心、重视和高度评价。尊重需要的满足使人有自信的感觉，觉得自己在这个世界上有价值、有实力、有能力、有用处；而这些需要一旦受挫，就会使人产生自卑感、软弱感、无能感，这些又会使人失去基本的信心，要不然就企求得到补偿或者趋向于精神病态。

#### 5.1.2.1.5  自我实现的需要

运动健将必须争冠军，音乐家必须演奏音乐，画家必须绘画，诗人必须写诗……这样才会使他们得到最大的满足。自我实现的需要指实现个人的理想、抱负，发挥个人的能力与极限的需要。自我实现的需要的产生有赖于前面4种需要的满足，这些需要的层次越低，越不可缺少，因而越重要。马斯洛的需要层次理论认为，人们一般按照重要性的顺序区分轻重缓急，待低层次的需要基本满足后，才设法去满足高一层次的需要。

需要层次理论可以帮助营销者了解各种产品和服务怎样才能适合潜在消费者的生活水平、目标和计划。

### 5.1.2.2  感觉和知觉

消费者有了购买动机后就要采取行动，至于采取哪些行动，则受认识过程的影响。消费者的认识过程是对商品等刺激物和店容、店貌等情境的反应过程，由感性认识和理性认识2个阶段组成。感觉和知觉属于感性认识，是指消费者的感官直接接触刺激物或情境所获得的直观形象的反映，这种认识由感觉开始。刺激物或情境的信息，如某种商品的形状、大小、颜色、声响、气味，刺激了人的视、听、触、嗅、味等感官，使消费者感觉到它的个别特性。随着感觉的深入，各种感觉到的信息在头脑中被联系起来进行初步的分析综合，使人形成对刺激物或情境的整体反应，就是知觉。

由于每个人都以各自的方式注意、整理、解释感觉到的信息，不同消费者对同种刺激物或情境的知觉可能是不同的，这就体现了知觉的3个特性：注意的选择性、理解的选择性和记忆的选择性。

人们每天面对大量的刺激物，如广告，但其中大部分刺激物都不会引起人们的注意，也不会给人留下什么印象。一般来说，人们倾向于注意那些与其当时需要有关的、与众不同的或反复出现的刺激物，这就是注意的选择性。

人们接受了外界信息的刺激，但却并不一定会像信息发布者预期的那样去理解或客观地解释这些信息，而是按照自己的想法、偏见或先入之见来曲解这些信息，这就是理解的选择性。

记忆的选择性指人们常常记不住所获悉的许多信息，仅记住某些信息，特别是证实了自己的态度和信念的信息。例如，人们可能很容易记住自己所喜欢的品牌的优点，而记不住其他同类产品品牌的优点。

感觉和知觉的过程告诉营销者们，必须精心设计促销活动，才能突破人们知觉选择性的壁垒。

### 5.1.2.3  学习

人类的有些行为是与生俱来的，但大多数行为是从后天经验中得来的，这种通过实践，由经验而引起行为变化的过程，就是学习。

学习过程是驱策力、刺激物、提示物、反应和强化诸因素相互影响、相互作用的过程。假设某消费者具有提高游泳技术水平的驱策力，当这种驱策力被引向一种可以减弱它的刺激物如游泳衣时，就成为一种动机。在这种动机的支配下，他将做出购买游泳衣的反应。但是，他何时、何处和怎样做出反应，常常取决于周围的一些较小的或较次要的刺激，即提示物，如亲属的鼓励或看到了游泳衣专卖店向社会发布的广告、文章和特惠价格。他购买了某件游泳衣，如果购买后感到满意，就会经常购买并强化对它的反应。以后若遇到同样的情况，他会做出相同的反应，甚至在相似的刺激物上推广他的反应；反之，如果购买后感到失望，以后就不会做出相同的反应。因此，为了扩大对某种商品的需求，可以反复提供诱发购买该商品的提示物，尽量使消费者购买后感到满意从而强化积极的反应。

#### 5.1.2.4 信念和态度

消费者在购买和使用商品的过程中形成了信念和态度，这些信念和态度又反过来影响消费者的购买行为。

信念是人们对某种事物所持的看法，如相信健身器材能强健身体。又如，某些消费者以精打细算、节约开支为信念。一些信念建立在科学的基础上，能够验证其真实性，如健身器材能强身健体的信念可以通过测试证实，另一些信念却可能建立在偏见的基础上。经营者应关心消费者对其商品的信念，因为信念会形成对产品和品牌形象的认识，会影响消费者的购买选择。如果因误解而影响了购买，经营者应开展宣传活动，设法纠正消费者的错误信念。

态度是人们在长期的学习和社会交往过程中形成的观念，是人们长期保持的关于某种事物或观念的是非观、好恶观。消费者一旦形成对某种产品或品牌的态度，以后就倾向于根据态度做出重复的购买决策，不愿费心去进行比较、分析、判断。因此，态度往往很难改变。人们对某种商品的肯定态度可以使它长期畅销，而否定态度则可以使它一蹶不振。一般情况下，经营者应使产品符合人们已经形成的态度，而不是设法改变这种态度，因为改变产品设计和推销方法要比改变消费者的态度容易得多。

# 5.2 用户旅程地图与消费行为分析

## 5.2.1 用户旅程地图

### 5.2.1.1 用户旅程地图的定义

很多企业将提供良好的用户体验作为企业的宗旨或服务目标之一，认为良好的用户体验才能带来更好的利润增长。正如《体验经济》中所说的，产品是有形的，服务是无形的，而体验是可回忆的。

用户体验是一个抽象的概念，为了更深入地了解用户在体验过程中的行为、想法和感受，企业需要通过一种直观的方式，把用户体验具象化。用户旅程地图就是一种视觉化呈现的用户体验，把体验从无形变为有形，让企业看到与用户在所有渠道、触点上交互的全过程，帮助企业找准用户的痛点、爽点、痒点，全面提升用户满意度和留存率。用户旅程地图侧重于学习相关的用户流程，以确定需要研究的领域，其展示的用户流程为：触发器和目标—要执行的所有活动—所有涉及的角色。

### 5.2.1.2　用户旅程地图的作用

用户旅程地图讲述了用户的经历：从初次接触，达成交易，到进入一个长期合作关系。它既可以关注用户体验中特定的部分，亦可以关注一个完整体验的全貌。它讲述了用户的感受、动机以及在每一次接触时遇到的问题。用户旅程地图形式多样，但通常表现为某种信息图。不论形式如何，其目标都是让企业更加了解他们的用户。

用户旅程地图是一个强大的工具。如果你是设计师，它会帮你理解用户情境，你将清晰地看出用户来源以及他们试图达到怎样的目的。如果你是文字工作者，它将帮你理解用户遇到的问题以及他们的感受。如果你是管理者，你将看到用户体验的全景图，看到用户是如何在销售漏斗中流动的，从而找到改进用户体验的方法。对于所有的用户体验设计师来说，用户旅程地图能帮助他们识别用户体验中的断层和痛点。

最重要的是，用户旅程地图把用户放在第一位。它鼓励企业跨机构地考虑用户的感受、问题和需求。对于数字产品服务而言，这是尤为重要的。

除此之外，用户旅程地图还可以帮助企业打破谷仓效应，通过还原完整的用户体验过程，将各个部门的工作内容和业务目标串联在一起，有效促进不同部门之间的交流协作。

### 5.2.1.3　如何创建用户旅程地图

#### 5.2.1.3.1　确定目标

首先，需要明确自身的业务目标。无论是想更好地协调销售和市场部门之间的工作，还是想提升客服部门的服务质量，明确的目标都可以帮助企业创建出与目标相匹配的用户旅程地图，并为企业带来深刻的洞察力。

##### 5.2.1.3.2 挑选合适的用户旅程地图

常见的用户旅程地图可以分为 3 种类型，分别是当前状态地图、未来状态地图和日常生活地图。

（1）当前状态地图。以用户数据和观察研究为基础，描绘了用户在与企业互动时所产生的想法、心情和行动，有助于企业了解当前体验中的缺陷和痛点，优化用户旅程，提升用户体验。

（2）未来状态地图。以企业的预测为基础，把用户在未来与企业互动时可能产生的想法、心情和行动可视化，可以帮助企业拓宽视野，搭建完美的用户旅程，明确业务目标和方向。

（3）日常生活地图。这类地图展现了用户日常生活中的经历、行为、想法和情绪，可以帮助企业了解用户的生活，发现用户现实生活中的痛点，找到未被满足的用户需求。

通常情况下，当前状态地图和未来状态地图会结合在一起使用。先创建出当前状态地图，评估当前的业务和体验流程，找出痛点和服务缺口；再创建出未来状态地图，明确需要改进的领域和优化的方向。如果想深入挖掘用户需求，获得创新用户体验的启示，日常生活地图则是最佳选择。

##### 5.2.1.3.3 数据收集和整合

创建用户旅程地图需要真实的数据做参考，因此收集和整合各个渠道的用户数据是前期的准备工作之一。如果已经积累了很多的用户数据，可以直接使用这些现有的数据，也可以通过问卷调查、定性访谈、情景调查、访问数据库等方式来获取新的用户体验数据和行为数据。如图 5-1 展示了便利店用户的旅程全过程。

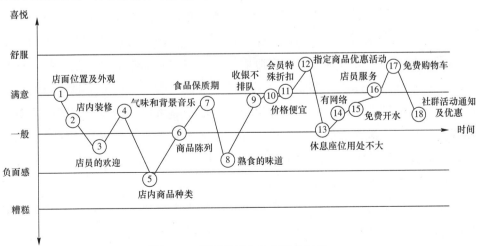

**图 5-1　便利店用户的旅程全过程**

### 5.2.1.3.4 塑造人物角色

待数据收集和整合完成之后，企业需要进行数据分析和提炼，塑造出合适的人物角色。人物角色代表着某一类用户群体，是一个拥有群体共同特征和特性的虚拟形象。与数据相比，它更加鲜活，能够充分地还原某个群体的想法、动机、情绪和行为方式，帮助企业了解其核心人群。在塑造人物角色的时候应该由浅入深，先整理出年龄、性别、感情状况、子女、居住地点等基本信息，再描绘出兴趣爱好、消费特征和生活习惯等，人物形象越具体就越具有参考价值。

人物角色可能会有很多个，因为用户中会有多种类型的人。人物角色不同，体验过程不同，旅程地图的走向也会不同。因此，一个用户旅程地图只能跟踪一个人物角色的体验。如果已经创建了多个具有代表性的人物角色，就需要挑选出与业务目标最匹配的那个人物角色。

### 5.2.1.3.5 梳理接触点

在绘制用户旅程地图的过程中，梳理接触点是十分关键的一步。因为用户旅程地图就是由一系列接触点组成的，只有梳理好接触点，才能画出一个完善的旅程地图。梳理接触点时要遵循以下几个关键步骤：罗列出用户当前使用的接触点，以及企业希望用户使用的接触点；确定各个接触点的负责部门、区域和人员；梳理各个接触点之间的联系，明确每个接触点所能满足的用户需求；根据重要性对所有接触点进行排序分级；最后，衡量各部门在各个接触点的表现，通过增加或减少接触点，优化用户旅程。

### 5.2.1.3.6 标出资源

绘制完旅程地图后，需要在地图中的各个接触点上清楚地标出哪些资源是已经拥有的、可以用来优化用户体验的，哪些是目前没有但是未来需要的。举个例子，假如用户旅程地图显示客服服务中存在一些缺陷，原因是团队没有合适的工具跟进用户体验，那么管理层就可以投资一些用户服务工具，帮助客服团队更高效地管理用户需求。在标出资源后，企业可以清楚地看到现有资源的配置情况和每个接触点的资源需求情况，从而更有效地利用资源，减少资源耗费，提供高质量的服务，最大化地提升用户体验。

### 5.2.1.3.7 亲自体验用户旅程

用户旅程地图绘制完成后，可以把自己带入人物角色，亲自体验整个用户旅程。这样做能够发现旅程地图中不切实际的接触点、渠道或是交互方式，然后通过不断地试验和修正，得到最贴近真实情况的用户旅程地图。

创建用户旅程地图从来不是某一个部门的工作，一个完善的用户旅程地图必然是各个团队之间大量沟通和协作的产物。最好是让所有的利益相关者都参与到这个过程当中，可以把旅程地图放在共享盘里，让密切合作的每一个人都可以随时进行编辑、补充和评论。

用户旅程地图是企业打造优质用户体验时必不可少的重要工具。它既可以帮助企业站在用户的角度审视自身的业务流程，发现业务流程中的痛点和瓶颈，又能兼顾微观和宏观视角。在数字时代，物理空间不再是企业的必争之地，电商等线上渠道的出现让企业看到了数字化运营的前景。企业的市场战略也开始从占据物理空间向占据消费者的时间及心智转变。

## 5.2.2  消费行为分析

在数字时代，企业应致力于与消费者产生更多触点，通过触点更加了解消费者，从而为消费者提供更加个性化的产品及服务，进而让企业品牌及形象深深扎根于消费者的心智模型中，以此来拉近产品与消费者之间的距离，并提升产品的市场占有率。

### 5.2.2.1  需求多元，圈层崛起

移动互联网和大数据极大地改变了社会、文化和经济环境，改变了人们的思维、价值观和消费习惯。在这样的环境下，消费者的感性和期望必然受到影响与改变。企业从提供标准化服务向提供定制化服务转变，消费者对所消费的产品也从以前关注产品功用转变为关注产品情感价值，发展到关注产品体验。未来是体现个性消费的时代，随着科技的进步，产品的多样性会满足人们的消费需求，人们对产品的设计和使用的参与将促使个性化消费的成熟与完善。同时，产品的时代特征也由标准化、均质化转向个性化、异质化，最终过渡到产品社会化。有用、好用不再是人们对产品的追求目标，希望拥有才是当代人通过产品提高生活品质的价值趋向。文化的多元性、价值的多元性、审美的多元性是当前时代的主要特征。

随着社会的发展，消费者的心理需求也将不断被激化和推进，一种需求得到满足，另一种需求又会产生，上一代人的需求满足了，新一代人又会产生更

高的需求，如此反复、永无止境地向前发展。需求的无限发展性与科学技术的发展互相作用，成为人类社会发展的重要推动力。消费需求的发展趋势总是由低级向高级，由简单向复杂。

虽然每个消费者的需求各不相同并且千变万化，但在一定时期、一定的社会范围内，由于受到当时社会因素及环境的影响，人们往往会对某一种或某些商品表现出普遍的爱好，具有那个时代的特征。这是消费者需求受到多种因素影响，需求得到满足或实现，也可能被抑制或减弱而呈现出的特征，它因商品或服务的品种、水平的不同而呈现差异。一般来说，对耐用消费品需求的弹性较大，对日用品消费需求的弹性较小。

消费者心理需求的产生、发展和变化与现实生活环境有密切关系。生产技术的发展、商品的发展变化、消费观念的更新、社会时尚的变化、工作环境的变化、文化艺术的熏陶、包装广告的诱导等，都可能使消费者的需求发生变化。

由此可以看出，消费者的需求是十分复杂的，它既受到消费者自身特点的影响，又受到各种外界因素的影响。时代变迁和社会环境的变化从方方面面影响着消费者的需求，使消费需求的内容、形式、层次不断改变和进化，并呈现出一系列新的消费趋向。

企业必须适应时代，丰富人们生活的多样性。企业的市场活动也从标准设计发展到企业设计，进而发展到市场设计，呈现多元化趋向。产品与服务设计由理性时代转为感性时代，能够引起诗意反应的物品逐渐增多。企业发展要满足并维护自然、文化和社会生态的多样性。在这个呼唤个性化、差异化的消费时代，消费的情景化、体验化初露端倪。

### 5.2.2.2　群体分层，消费分级

2018 年，拼多多的兴起和上市引发消费升级与消费降级之争。多数人认为拼多多的兴起不代表消费降级，而代表消费分层、分级。在这个过程中，消费升级依然是主旋律，但会逐步呈现结构性分化，导致逆消费升级现象频发，尤其体现在生活消费品领域。在差距不大的情况下，消费者不追求高价格、高效率、大品牌和优质服务，而是更多地追求物美价廉，这绝不是消费降级。

总体而言，目前中国经历的是消费分层下的消费升级，不同层级的消费群体都处在消费升级的状态，一、二线城市是商品消费向服务消费的升级，在

三、四、五线城市中，低线城市渠道能力强的大众消费品行业在不断崛起。因此，在线上交易方面，一、二线城市服务消费企业将脱颖而出，如教育、医疗、养老、人力资源；三、四、五线城市的低线城市渠道能力强的行业将得到进一步发展，如化妆品、金银珠宝、母婴。

在大众消费经济时代，企业比拼规模、产能、品牌、质量等。而在消费分级时代，"网红"带动产品销售的现象比比皆是。比如，一个美食类的重度垂直"网红"在公众号里面发表了一篇文章，推荐一款切菜的菜板，这款菜板在文章发出后10分钟就销售了1.5万个，超过这一类菜板在全亚洲一年的销量！

大众消费经济时代，人找商品；圈层经济时代，即小众消费经济、消费分级的时代，商品找人，是一种分层分级的消费。每一种类型的用户都有不同的消费特征，都有他的社交圈层、喜好。消费需求不一样，所需要的商品功能、格调、品位也都不同。

2002年，娃哈哈的产销量第一次超过可口可乐，当时宗庆后做对了两件事情：首先，他在中国做一瓶水，定价1块钱，能够卖到全国；其次，他把水卖出去以后还能把钱收回来。当时卖货能够赚到钱，不是靠"脑袋"往前冲，而是"腰"往前冲，"腰"指的就是全国的分销体系建设。但是近年的娃哈哈已不如当年。在全国工商联发布的《2019中国民营企业500强》榜单上，杭州娃哈哈集团有限公司的排名为第156名。娃哈哈自2015年以来排名5连降，2019年较2014年排名下降138位，原因就在于分销体系的衰落和网络社交的崛起。娃哈哈的困境其实是中国消费升级的结果。当以农村市场为核心的娃哈哈没有跟上消费升级速度的时候，它会被消费者慢慢遗忘。现在的娃哈哈存在品牌老化、产品老化、客户老化、团队老化、渠道老化等问题。宗庆后曾总结称，公司产品老化、创新不足，爆品的优势没能延续，而新品的研发则没有规划，没能准确把握市场变化。

今天，无论商家卖什么产品，冰箱、空调、洗衣机……已经没有统一市场，每个人都活在不同的圈层中。每个人会根据自己的年龄、审美、收入、区域特征去选择不同的品牌。所以，几乎所有的行业品牌都在彻底细分化。只要找到喜欢这个产品的人，就能打造一家非常好的企业，商品创新的空间巨大。

很多消费者完全生活在自己的圈子中。例如IG刷屏时，"70后"很茫然；金庸的消息刷屏时，"00后"很无感。大家每天只关注自己喜欢的公众号和真正投机的朋友，各种智能算法的推荐让人们只看到自己想看的。

在小众消费经济、消费分级的时代，品牌传播的内容要更加真实、更加值得信任。只有真实的内容才能通过口碑传播，从而把消费者的注意力集中起来。大众营销变为精准营销，在各个不同的圈层进行高质量传播，才能将传播做得更精准。

那么，作为一个平台，怎样才能在圈层中迅速集结、转化呢？首先需要寻找一群对自身平台认同的人，通过紧密的互动，使这群人与平台产生关系，去影响更多的人，最终形成平台专属的生活方式，这便是平台圈层营销的本质。

平台的图层是波状辐射模型，如果把 1000 名铁杆粉丝变成平台的 KOL，这 1000 个核心圈人员将会通过他们的社交媒体影响 1 万个人，平台的微博、微信、抖音、快手等将有 10 万人关注，这 10 万人又能够影响周边的 100 万人，这就是 KOL 的魔力所在。

### 5.2.2.3 数字"Z 世代"降临

"Z 世代"泛指 1995 年至 2009 年出生的年轻人。他们成长于数字时代，生活、学习观念承前启后，并且最早一批"Z 世代"已经 20 多岁，开始步入社会主流。C（center，中心）位出道的"Z 世代"越来越受企业重视。

年轻人的生活环境、行为习惯在发生变化，企业要针对年轻人做营销，就需要不断与时俱进。据联合国发布的人口调查统计显示，2019 年，"Z 世代"的人口数量超过"千禧一代"（指 20 世纪时未成年，跨入 21 世纪以后达到成年年龄的一代人），占全世界总人口的比例达到 32%。面对"Z 世代"年轻人，企业需要找到合适的方法，以便快速建立品牌认知，形成消费决策。

数据预测分析机构 Engagement Labs（互动实验室）针对 20 世纪 90 年代中期出生的人群发起了一项调查研究，从他们的品牌喜好可以看出，科技和饮食品牌更受欢迎。此前，代际动力学中心（The Center for Generational Kinetics）也得出过类似的结论，"Z 世代"将科技产品作为与家人和朋友互动的主要工具。

Engagement Labs 的调查显示，iPhone 在这一群体中被讨论得最多，这也带动苹果成为"Z 世代"心目中流行的品牌。代际动力学中心的总设计师希瑟·沃特森表示，一个 13 岁的孩子就可以用手机随时下单订外卖，并通过手机获得娱乐、社交等需求。

排在苹果后面的品牌分别是可口可乐、三星、耐克、麦当劳、沃尔玛和百事，有一个趋势是，美国的年轻一代更关注个人健康，除了更热衷户外运动外，对于饮食的健康要求也有所提升，这就表现为可口可乐和百事的市场影响力有所减退。从2013年至今，"Z世代"现平均每天讨论可口可乐的比例减少了21%，百事可乐更甚，这一数字已经逼近50%。

每一代人都有特定的消费习惯，为吸引不同时代的消费者，商家需要不断调整营销策略。"Z世代"现已成为市场上的主流消费群体。尼尔森的研究报告指出，"Z世代"生长于信息爆炸的年代，随着数字媒体的兴起与普及，这部分受众很容易对感兴趣的事物进行筛选，只有个性化营销才能抓住他们的喜好。

Morning Consult（晨间咨询）发布了一份关于"千禧一代"对品牌期待的报告，结果表明，这个人群更关注科技和娱乐品牌，而且表现不出品牌忠诚度，除非企业拥有提高品牌忠诚度的额外因素。

"千禧一代"更为热衷的品牌基本为YouTube、Google、Netflix（奈飞）、Amazon（亚马逊）等科技、娱乐巨头，从这个层面来看，"Z世代"也可以看作"千禧一代"的延伸，两个群体有很多相似之处。

"Z世代"本身就是"数字原住民"，对于当下的数字化变革驾轻就熟。他们钟情于社交媒体和数字媒体，喜欢更为直接的信息接收方式。有超过85%的"Z世代"受众喜欢YouTube这类网站，而广告商若针对此类人群进行创新性的广告投放，更能吸引年轻受众的关注。至于数字广告，它的呈现形式更灵活，要尽量避免为用户带来阅读障碍。

"千禧一代"和"Z世代"引领了新兴的消费市场，所带来的影响是广泛的。科技和娱乐巨头们已经深入体育直播领域，它们的商业逻辑支撑来自年轻受众对于内容消费习惯的引领。当然，科技不仅影响了广播行业，电商和零售业也遭到了颠覆，其中尤以体育用品行业的反应最为明显。

这种影响并不局限在客户（customer，C）端，企业（business，B）端也会主动接近新机会，即建立与新兴消费者的联系，在线体育用品零售商Fanatics（疯拿铁）的崛起就是最好的明证。据统计，Fanatics全美在线授权的职业联赛体育用品销售总额占总销售量的比例，已经从10年前的1%上涨到如今的20%。电子商务革命的时机已经成熟，而Fanatics以灵活的产能和快速响应主导了市场。

例如，詹姆斯宣布加盟洛杉矶湖人队，粉丝们几个小时之内就能在

Fanatics 的网站上买到詹姆斯的新球衣。在运营上，Fanatics 也愈发向职业体育联盟或者俱乐部靠拢，以便能够获得更高级别的商品特许权，这是它与 Amazon 等传统电商平台最明显的区别。

2019 年 5 月，NFL（国家橄榄球联盟）授予 Fanatics 从 2020 年开始为粉丝生产和销售服装的特许经营权。该公司还签署了一项协议，未来可以在 JC Penney（杰西潘尼）的 350 家门店中建立品牌商店，此外还接管了 NHL（国家冰球联盟）在曼哈顿的旗舰店。

领英公司（NPD）近期发布的一份服装零售业趋势报告显示，运动休闲服饰的市场份额仍然没有达到饱和，其增长势头将会延续。有研究发现，运动休闲风之所以迟迟没有降温的迹象，所谓的社交型消费者起到了重要的"推波助澜"的作用。这里的"社交型消费者"其实就是"千禧一代"和"Z 世代"。他们热衷于电子商务、社交媒体，追随各种 KOL，对运动休闲风的推动作用显而易见。

新科技拥趸、反权威、刷评狂、嗨点自热是"Z 世代"的主要特点，企业可以从趣味、身份、时间、审美等方面来强化对这群人的身份认同。如果对"Z 世代"进一步深度研究会发现，他们的娱乐就是轻内容，爱情、梦想和穿越三部曲以及超级颜值构成了他们娱乐放松的重要阵地。现阶段所有的娱乐内容包括网综、网剧，都是为年轻人而打造，例如火爆的综艺节目《中国有嘻哈》、风靡全国的抖音 App，也都是先在"Z 世代"中流行起来的。

因为更讲究自我，"Z 世代"对时尚的追求越来越趋于多元化。不过，"Z 世代"也正变得越来越不可捉摸。其实很可能他们自己也不知道自己究竟喜欢什么；或者说，他们对某件事情（某个人）的喜欢时间正变得越来越短。这在某种程度上也是因为世界变化太快，新生事物（新人）层出不穷，让人眼花缭乱，难以专注。因此，如何能长期拥有这个善变的人群，是商家们需要共同探索的课题。

### 5.2.2.4  数字的跨次元价值凸显

虚拟偶像作为"二次元"文化和粉丝文化的产物，正在受到越来越多年轻消费者的喜爱与消费，AI 虚拟偶像的背后是潜在的市场商机。

2019 年 ChinaJoy（中国国际数码互动娱乐展览会）顶级盛会上，网易传媒旗下的虚拟偶像 IP "曲大师"以"曲师师"的新名称登场，从前期编辑部主编进化为穿越自未来，在现世寻求人类知识、情感的机械姬人设，更符合当下短平快的短视频内容制作需求，给粉丝耳目一新的观感。

2019 年 7 月 19 日，B 站在上海举办的"二次元"主题歌舞晚会上，初音未来、洛天依、言和、乐正凌等虚拟偶像登台演出。一票难求的门票、频频尖叫的现场观众、呐喊助威的阵势等完全不输于头部偶像歌手的演唱会。

2019 年 8 月 4 日，在"2019 爱奇艺尖叫之夜"演唱会北京站上，一支虚拟偶像乐队 RiCH BOOM"空降"现场，献出成团后的首场全息现场秀，以潮流音乐和先锋时尚的调性惊艳全场，引发超高分贝尖叫。

虚拟偶像的出现以及这一产业的兴起不是偶然，而是有着较长时间的技术与文化积淀。

虚拟偶像的诞生最早可以追溯到 20 世纪 60 年代。当时，贝尔实验室成功研制出了世界上第一台会唱歌的计算机——IBM 7094，它唱了一首充满电流感的 *Daisy Bell*（《黛西·贝尔》）。虽然这个会唱歌的计算机并不是真正的虚拟偶像，但可以把它当作现代虚拟偶像的一个雏形。

2007 年，一家位于北海道的声音制作公司 Crypton（克理普敦），借助虚拟音乐合成软件 Vocaloid，推出了世界上第一位虚拟歌姬——初音未来。这个扎着双马尾、穿着超短裙的大眼少女，凭借一曲翻唱自芬兰波尔卡舞曲的《甩葱歌》风靡社交网络。

近两年，YouTube 出现了在平台发布视频、与粉丝直播互动的 VTuber（虚拟主播），虚拟偶像产业逐步从艺人模式的 1.0 时代，过渡到一个偶像类型更丰富、偶像打造模式更加多元化的虚拟偶像 2.0 时代。

虚拟偶像步入 2.0 时代的典型代表是全球第一 VTuber——绊爱酱。在 YouTube 平台上，绊爱酱既可以直播游戏，也可以分享自己的"日常"。自 2016 年在 YouTube 发布第一个投稿以来，绊爱酱在 YouTube 上已经有超过 200 万的订阅用户。

大多数人不能理解人们对虚拟偶像的追捧，认为这些都是不真实的，也是没有意义的。但对于很多喜欢的受众来说，虚拟偶像是一个全新的内容载体，有着完美人设、不变的容貌、更易与粉丝亲近等特点，更容易让粉丝代入自己的情感。

虽然虚拟偶像没有现实载体，但是吸金能力却不容小觑。在国内，虚拟偶像市场在快速成长的同时，也吸引了大量品牌的目光。

从 2017 年起，就有各类品牌尝试采用虚拟偶像做代言：洛天依代言了百雀羚的森羚倍润补水保湿面膜，还专门为产品广告片推出了曲目《漂亮面对》；丰田汽车在美国推出 Corolla（卡罗拉）系列的第 11 代新车型时，邀请初音未来演唱广告单曲 World is Mine（《世界属于我》）；QQ 飞车手游的虚拟角色小橘子接替真人偶像明星担任英国旅游局友好大使……这些都是虚拟偶像代言的有效尝试。

之后，随着《全职高手》《恋与制作人》等手游的大热，其中的热门虚拟形象开始陆续为汽车类、零食类与快餐类品牌代言，如麦当劳与《全职高手》的叶修推出线下主题店、肯德基与《恋与制作人》合作推出套餐，虚拟 KOL 开始进入大众视野。目前，虚拟主播开始拥有代言广告，例如 noonoouri 与易烊千玺一起拍摄 VOGUE 杂志，这就是虚拟 KOL 与流量明星共同的代言。

实际上，创造虚拟偶像并不只是动漫公司和游戏公司的特权。随着虚拟偶像的开发，还出现了一种品牌自己原创虚拟偶像的现象，比如肯德基在 2019年 4 月创造了虚拟版的上校爷爷，通过变身为虚拟 KOL 与消费者进行互动。

虽然商业化不是一件容易的事，但新的尝试从未停止。近几年，B 站、腾讯、网易、抖音、巨人等互联网巨头相继入局，内容生产方也在尝试用新的模式接入虚拟直播，比如在短视频平台拥有千万粉丝的"二次元"形象一禅小和尚、萌芽熊，动漫《狐妖小红娘》涂山苏苏，也开始尝试进行直播。这些 IP 在游戏、动画、线下等模式上相对成熟，不需要投入太多精力即可在虚拟主播领域开拓和运作。相对来说，原生于社交网络和短视频平台的 IP 在短视频平台内部直播和引流的效果要好得多，可以期待，接下来国产原创形象 IP 的虚拟主播化也会成为虚拟主播本土化的机会。

此类跨次元经济实际上是指以动漫为产业的"二次元"经济。"二次元"已经打通了虚拟与现实世界的壁垒，成为跨代际沟通的重要语言和介质。现在，"二次元"的用户和受众已经达到了 3 亿多，且逐渐呈现从虚拟世界向现实世界转移的现象，在整个"二次元"世界里出现了很多真实世界的事物，此外在真实世界里面也出现了很多"二次元"世界的事物。

正如动漫电影《你的名字》，细心的网友就会发现里面的隐形植入，女主角三叶用的眼线笔、男主角用的油性笔——Zebra 双头油性笔、金麦啤酒……同时，在放映前期被网友玩起了 UGC（用户生成内容），用各地的方言念起了"你的名字"，也起到了一定的宣传效果。原生"二次元"广告、自创 IP、生活场景"二次元"再现等方式让品牌更"萌"。

　　跨次元的文化表现产品是动画、漫画、游戏和轻小说。当前跨次元文化的人群组合主要是"二次元"的模特、"二次元"线上社区、线下 Cosplay 聚会等。随着时代的改变，次元化正从边缘到主流，获得更多线下空间和可视机会。我国次元的相关产品数量多，质量却不高，但是跨次元产业的前景非常好，估计未来 5 年内，会有自己的次元文化，而不是模仿韩日。次元化对于过去的虚拟和现实观念是一次重大冲击，是衡量新代际差异的最具革命性的符号标志。

### 5.2.2.5　顾客的"变"与"不变"

　　当大数据、云原生和人工智能在营销领域被普遍采用之后，许多品牌的声誉和市场份额都呈指数级上涨，以互联网思维为代表的营销理念应运而生。根植于传统社会固定环境中的营销理论体系已经不适应现代社会的商业环境，在解构成为主流话语的当下，品牌营销应该像"造浪"一样不断推陈出新，杜蕾斯、优衣库、可口可乐这些社交媒体时代的宠儿无不奉行这样的营销逻辑。雷军的互联网思维"七字诀"也被众多营销人奉为圭臬，"专注、极致、口碑、快"似乎把营销人的注意力重新带到了产品导向的年代，以匠人精神打造"爆品"，迅速迭代，就可以赢得口碑、纵横市场，无往而不利。小米的成功还颠覆了品牌成功的进阶顺序，以知名度、美誉度和忠诚度构建起来的金字塔营销模型落伍了，而以忠诚度、美誉度和知名度打造的倒金字塔营销模型备受追捧。

　　这些令人眼花缭乱的营销工具、理论、模型似乎让"以消费者为中心"的营销原则备受冷落，用户标签、大数据营销、精准传播等崭新的营销概念层出不穷，仿佛要将营销带入一个新世界。但仔细观察就会发现，这些营销理论的核心仍旧是"以消费者为中心"和"客户关系管理"。雷军的互联网思维"七字诀"的核心是"口碑"，离开了这个"以消费者为中心"的"根"，"专注、极致、快"的"叶"就将凋零。数字营销的关键在于消费者的互动和参与，共享、共鸣、共振、共情是互联网营销制胜的法宝。在数字营销时代，变化的只是修辞和话语，不变的是营销传播的逻辑起点——以消费者为中心。

### 5.2.2.6　构建以消费者为中心的营销原则与生态

#### 5.2.2.6.1　以消费者为中心的营销原则

从大机器生产取代手工作坊并逐渐成为现代企业的主导模式以来，产品导向和生产者导向很快被市场导向和消费者导向所替代，以消费者为中心成为现代营销和品牌建设的基本原则。然而，对该原则的最初理解却是简单化和形式化的，当占据明显竞争优势的企业方的肆意妄为遭到强烈抵制之后，以消费者为中心成为企业重塑形象的救命稻草和重要抓手。而该原则真正成为重构品牌营销的内在逻辑是在企业之间的竞争日趋白热化之时，其中最大的转变就是对消费者需求和消费者心理的深刻洞察。企业对市场概念的理解也在发生改变，市场不再是看得见的商店和卖场，而是指消费者的心智空间。从 20 世纪六七十年代开始，美国陆续出现的聚焦理论、定位理论、分众理论、利基理论、4C 理论和 IMC 理论就是这种转变的明证。这种转变可以概括为从"以消费者为中心"转变为"以消费者需要为中心"，两字之差却道出了这一原则的不同营销境界。

有个案例较好地说明了两者之间的差距：20 世纪 90 年代，《北京青年报》在开始引领中国报业改革之初，给自己的定位是"《北京青年报》：报道青年人的事"。事实证明，这样的定位并没有给报纸带来大发展，反而令报道面窄、内容偏狭，非但其他年龄段的人不看，就连青年人也不愿意看。后将定位改为"《北京青年报》：报道青年人关心的事"。两字之差，境界天壤之别，从此，《北京青年报》风头占尽，市场影响一时无二。看得出，在市场营销领域，具体所指的、看得见摸得着的"消费者"，远不如看不见却感受得到的"消费者的需要"的空间大、提供的可能性多。

### 5.2.2.6.2　以消费者为中心的营销生态

不同时代有着不同的营销重心：在传统商业时代，看重的是地段；在门户网络时代，看重的是流量；在移动互联网时代，看重的是粉丝；在智能互联网时代，看重的是社群。粉丝和社群奉行的好像都是以消费者为中心的原则，但两者的区别很明显。前者是个体对偶像的单向度情感依赖，就像"玉米"（李宇春的粉丝）、"千纸鹤"（易烊千玺的粉丝）一样，粉丝是一个个原子化的存在，和偶像之间没有互动，就很容易把人或品牌"神化"；后者也有一个中心，比如"逻辑思维"的罗振宇、"吴晓波频道"的吴晓波，这个中心更多地负责搭建平台和社群，真正的主人是社群中的所有参与者，这些参与者不但与"群主"有联系，与其他参与者也有密切的联系，形成一个个小的圈子。社群的逻辑并不追求自身的"神化"，而是尊重并认可作为人的主体性，认真贯彻以消费者为中心的品牌原则，通过品牌的"人格化"兑现"品牌在人间"的承诺。

　　互联网技术产生的摧枯拉朽的作用几乎把所有企业都裹挟其中，企业离开网络已然寸步难行。但这里也存在很大的误区，以为只要数字化、信息化，将业务转移到网络上，就可以实现"互联网＋"了，其实这不过是"＋互联网"而已，企业的商业模式和底层逻辑并没有互联网化，沉淀的大量客户数据并没有被很好地挖掘和利用，无法在网络时代落实以消费者为中心的原则。如今，随着生活方式的改变、消费的升级，消费者的生活姿态和生活观念已然改变，企业应该利用新技术和新媒体时刻捕捉和跟踪这种变化，对消费者进行精准画像，洞悉他们的欲望、情绪和行为轨迹，精准投放，全面触达，深刻领会和理解网络时代中以消费者为中心原则的真谛，创造性地构建全新的营销生态。

# 5.3　种子用户的培养

## 5.3.1　种子用户的定义

　　种子用户是品牌目标用户群体中处于核心位置的一群人，他们是品牌的重度使用者，具备很强的忠诚度，并且积极主动，乐于反馈和分享。他们能帮助产品慢慢地成长，让产品变得越来越好。

## 5.3.2　种子用户的价值

### 5.3.2.1　帮助企业改进早期产品

　　早期产品往往无法保证其产品体验，因此需要有一群认可品牌、有热情、愿意互动反馈的种子用户，让他们先来使用产品。他们比较积极，愿意容忍不良体验并持续帮助企业改进产品。

　　从种子用户反馈流程（见图5-2）中可以看出，种子用户不管是在示范还是在口碑方面，都对迭代改进新产品和吸引主流用户产生了巨大的影响。

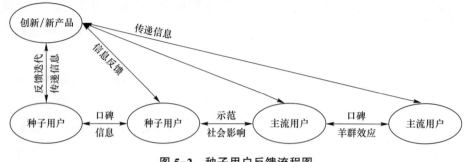

图 5-2　种子用户反馈流程图

### 5.3.2.2　种子用户的口碑帮助推广

对于新产品，如果直接用钱去做推广，其成本可能是比较高的；如果有了种子用户，有了一些口碑和势能的积累之后再去做推广，效果会更好。市场上的用户大概可以分成几类，其中有两类叫作创新者和早期采纳者。这两类人可能对一些新兴的产品比较敏感，他们愿意在一些新产品出现的时候去积极尝试使用这些产品。另外有两类人是大众型用户，分别为早期大众和晚期大众。这两类人接受新产品的前提可能是：朋友圈里有人在用这款产品。很多的大众型用户都是因为听到身边开始有大量的人在用某个产品，才敢于尝试。

### 5.3.2.3　平台类、社区类产品的必要条件

一部分互联网产品，比如平台类、社区类的产品，本身就需要先有一部分用户来做好价值供给和氛围打造。这样的产品必须有种子用户，需要通过种子用户的体验来不断完善品质，然后进入更大的市场。

## 5.3.3　种子用户的运营重点

### 5.3.3.1　给予种子用户强烈的重视感

企业一定要比较频繁地征求种子用户的意见和看法，要在产品发生变化之

前询问他们的感受，要在他们提出任何反馈的时候及时给予回应，邀请他们以某种方式参与产品的整个发展过程，给予他们成就感。

### 5.3.3.2  建立牢固的亲近关系

运营种子用户的第二个重点就是与他们加强私下的互动，跟他们建立起牢固的亲近关系。特别是在早期产品体验不完善时，让用户更多地认可产品，借助这个关系维系运营尤为重要。

### 5.3.3.3  建立有价值的社交链接

这一步需要建立在与用户产生亲近关系的基础上，简单地说就是帮助用户形成一种有价值的社交关系。

种子用户在使用产品之外如果还能认识朋友，就是一种超出预期的体验。正是因为有了这样的体验的支撑，用户才愿意主动分享产品，打造产品的口碑。

### 5.3.3.4  制造各种惊喜

在用户没有预料的情况下给予大量的补贴或惊喜，也能给用户带来超预期的体验。例如，滴滴公司在早期发展时，会给使用产品的用户发送一条 App 推送：您是我们早期前 2000 个用户，感谢您一路以来的支持，所以今天打车免单。用户接收到这样的消息，会有超出预期的体验，并且会有很大的概率去宣传这件事情。在宣传过程中，滴滴的产品和服务逐渐深入人心。

以上 4 点简单总结就是：对于早期的种子用户，要对他们给予重视，在预期之外提供各种各样的惊喜体验。

# 6 数字化交易的实现与电商平台

## 6.1 电子商务是实现数字化交易的路径

### 6.1.1 电子商务的概念

电子商务是基于信息化的经济活动，自其产生之日起就没有一个统一的定义。随着电子商务的不断发展，其内涵与外延也在不断演变。各国政府、学者、企业界人士根据自己所处的地位和对电子商务参与程度的不同，在不同时期，从各自的角度提出了自己对电子商务的认识。

#### 6.1.1.1 学者观点

美国学者瑞维·卡拉科塔（Ravi Kalakota）和安德鲁·B.惠斯顿（Andrew B Whiston）在其专著《电子商务的前沿》中提出："广义地讲，电子商务是一种现代商业方法。这种方法通过改善产品和服务质量，提高服务传递速度，满足政府组织、厂商和消费者降低成本的需求。这一概念也用于通过计算机网络寻找信息以支持决策。一般地讲，今天的电子商务通过计算机网络将买方和卖方的信息、产品和服务联系起来，而未来的电子商务则通过构成信息高速公路的无数计算机网络中的一条将买方和卖方联系起来。"

美国 NIIT 负责人约翰·朗格内克（John Longenecker）从营销角度将电子商务定义为"电子化的购销市场，使用电子工具完成商品购买和服务"。

美国的埃姆海恩斯（Emmelainz）博士在她的专著《EDI 全面管理指南》中，从功能角度将电子商务（Electronic Commerce，又称为 E-Commerce）定义为"通过电子方式，并在网络基础上实现物资、人员过程的协调，以便商业交换活动"。

加拿大专家詹金斯（Jenkins）和兰开夏（Lancashire）在《电子商务手册》中从应用角度将电子商务定义为"数据（资料）电子装配线（Electronic Assembly Line of Data）的横向集成"。

中国科技促进发展研究中心王可研究员认为，从过程角度把电子商务定义为"在计算机与通信网络基础上，利用电子工具实现商业交换和行政作业的全过程"。

中国人民大学方美琪教授认为，从宏观上讲，电子商务是通过电子手段建立的一种新经济秩序，它不仅涉及电子技术和商业交易本身，而且涉及金融、税务、教育等社会其他层面；从微观角度说，电子商务是指各种具有商业活动能力的实体（生产企业、商贸企业、金融机构、政府机构、个人消费者等）利用网络和先进的数字化传媒技术进行的各项商业贸易活动——这里特别强调两点，一是活动要有商业背景，二是网络化和数字化。

西安交通大学李琪教授认为，依据内在要素不同，电子商务的定义有广义和狭义之分。广义的电子商务，是指电子工具在商务活动中的应用。电子工具包括从初级的电报、电话到 NII（National Information Infrastructure，国家信息基础设施）、GII（Global Information Infrastructure，全球信息基础设施）和 Internet（互联网）等工具。现代商务活动是从商品（包括实物与非实物、商品与商品化的生产要素等）的需求活动到商品的合理、合法的消费除去典型的生产过程后的所有活动。狭义的电子商务，是指在技术、经济高度发达的现代社会中，掌握信息技术和商务规则的人，系统化运用电子工具，高效率、低成本地从事以商品交换为中心的各种活动的全过程。电子商务是在商务活动的全过程中，通过人与电子工具的紧密结合，极大地提高商务活动的效率，降低人、财、物的消耗，提高商务活动的经济效益和社会效益的新型生产力。

### 6.1.1.2  企业定义

信息技术行业是电子商务的直接设计者和设备的直接制造者。许多公司根据自己的技术特点给出了电子商务的定义。

IBM 提出了一个电子商务的定义公式，即电子商务＝ Web ＋ IT。它所强调的是在网络计算环境下的商业化应用，不仅仅是硬件和软件的结合，也不仅仅是我们通常意义下的强调交易的狭义的电子商务（E-Commerce），而是把买方、卖方、厂商及其合作伙伴在互联网（Internet）、内联网（Intranet）和外联网（Extranet）结合起来的应用。它同时强调这 3 部分是有层次的。只有先建立良好的内联网，建立好比较完善的标准和各种信息基础设施，才能顺利扩展到外联网，最后扩展到电子商务。

HP（惠普）公司对电子商务的定义是：通过电子化的手段来完成商务贸易活动的一种方式，电子商务使我们能够以电子交易为手段完成产品与服务的交换，是商家与客户之间的联系纽带。它包括 2 种基本形式，即商家之间的电子商务及商家与最终消费者之间的电子商务。HP 公司的电子商务解决方案，包括所有的贸易伙伴，用户、商品和服务的供应商、承运商、银行、保险公司及所有其他外部信息源的收益人。电子商务通过商家与其合作伙伴和用户建立不同的系统和数据库，使用客户授权和信息流授权方式，应用电子交易支付手段和机制，保证整个电子商务交易过程的安全性。

SUN（太阳）公司对电子商务的定义是：简单地讲，电子商务就是利用互联网进行的商务交易，在技术上可以给予如下 3 条定义。（1）在现有的 Web 信息发布基础上，加上 Java 网上应用软件以完成网上公开交易。（2）在现有企业内联网的基础上，开发 Java 的网上企业应用，达到企业应用内联网化，进而扩展到外联网，使外部客户可以使用该企业的应用软件进行商务交易。（3）商务客户将通过计算机、网络电视机机顶盒、电话、手机、PDA（个人数字助理）等 Java 设备进行交易。这 3 个方面的发展最终将殊途同归——Java 电子商务的企业和跨企业应用。

### 6.1.1.3 政府和国际性组织的定义

欧洲议会给出的关于"电子商务"的定义是：电子商务是通过电子方式进行的商务活动。它通过电子方式处理和传递数据，包括文本、声音和图像。它涉及许多方面的活动，包括货物电子贸易和服务、在线数据传递、电子资金划拨、电子证券交易、电子货运单证、商业拍卖、合作设计和工程、在线资料、公共产品获得。它包括产品（如消费品、专门设备）和服务（如信息服务、金融和法律服务）、传统活动（如健身、教育）和新型活动（如虚拟购物、虚拟训练）。

美国政府在其《全球电子商务纲要》中比较笼统地指出："电子商务是指通过互联网进行的各项商务活动，包括广告、交易、支付、服务等活动，全球电子商务将会涉及全球各国。"

经济合作和发展组织（OECD）是较早对电子商务进行系统研究的机构，它将电子商务定义为：电子商务是利用电子化手段从事的商业活动，它基于电子数据处理和信息技术（如文本、声音和图像）的数据传输。其主要是遵循 TCP/IP 协议、通信传输标准，遵循 Web 信息交换标准，提供安全保密技术。

世界贸易组织（WTO）在电子商务专题报告中定义：电子商务就是通过电信网络进行的生产、营销、销售和流通活动，它不仅指基于互联网上的交易，而且指所有利用电子信息技术来解决问题、降低成本、增加价值和创造商机的商务活动，包括通过网络实现从原材料查询、采购、产品展示、订购到出品、储运及电子支付等一系列的贸易活动。

全球信息基础设施委员会（GIIC）电子商务工作委员会报告草案指出：电子商务是运用电子通信作为手段的经济活动，通过这种方式人们可以对带有经济价值的产品和服务进行宣传、购买和结算。这种交易的方式不受地理位置、资金多少或零售渠道的所有权影响，公有及私有企业、公司、政府组织、各种社会团体、一般公民、企业家都能自由地参加广泛的经济活动，其中包括农业、林业、渔业、工业和政府的服务业等。电子商务能使产品在世界范围内交易并向消费者提供多种多样的选择。

联合国国际贸易法委员会在《联合国贸易法委员会电子商务示范法》中，虽然在标题中提到"电子商务"，在具体条文中提供了"电子数据交换"的定义，但并未具体说明"电子商务"所指何物。在拟订该法时，联合国贸易法委员会决定，处理当前这一主题时须铭记电子数据交换的广泛涵义，即"电子商务"标题之下可能广泛涉及的电子数据交换在贸易方面的各种用途，也可使用另一些说明性术语。"电子商务"概念所包括的通信手段有如下以使用电子技术为基础的传递方式：以电子数据交换进行的通信，狭义界定为电子计算机之间以标准格式进行的数据传递；利用公开标准或专有标准进行的电文传递；通过电子手段，例如通过互联网进行的自由格式的文本的传递。

1997 年 11 月 6 日至 7 日，在法国首都巴黎，国际商会举行了世界电子商务会议（The World Business Agenda for Electronic Commerce）。全世界商业、信息技术、法律等领域的专家和政府部门的代表，共同讨论了电子商务的概念问题。这是目前关于电子商务较为权威的概念阐述。与会代表认为：电子商务，是指对整个贸易活动实现电子化。从涵盖范围方面可以定义为，交易各方以电子交易方式而不是通过当面交换或直接面谈方式进行的任何形式的商业交易；从技术方面可以定义为，电子商务是一种多技术的集合体，包括交换数据（如电子数据交换、电子邮件）、获得数据（如共享数据库、电子公告牌）及自动捕获数据（如条形码）等。电子商务涵盖的业务包括信息交换、售前及售后服务（提供产品和服务的细节、产品使用技术指南、回答顾客意见）、销售、电子支付（使用电子资金转账、信用卡、电子支票、电子现金）、组建虚拟企业（组建一个物理上不存在的企业，集中一批独立的中小公司的权限，提供比任何单独公司多得多的产品和服务）、公司和贸易伙伴可以共同拥有和运营共享的商业方式等。

我国工信部在 2007 年 12 月提交的《中国电子商务发展指标体系研究》中，将电子商务定义为：通过以互联网为主的各种计算机网络所进行的，以签订电子合同（订单）为前提的各种类型的商业交易。

我国商务部在 2009 年 4 月发布的《电子商务模式规范》中对电子商务的定义是：依托网络进行货物贸易和服务交易，并提供相关服务的商业形态。

## 6.1.2　电子商务的发展背景

电子商务是指企业用电子过程代替物理活动并且在企业、顾客和供应商之间建立的新型合作模式。我国国家标准《物流术语》(GB/T 18354—2021) 对电子商务的定义是：在互联网开放的网络环境下，基于 Browser（浏览器）/Server（服务器）的应用方式，实现消费者的网上购物（B2C）、企业之间的网上交易（B2B）和在线电子支付的一种新型的交易方式。

电子商务的发展大约经历了 3 个阶段。

（1）20 世纪 60 年代至 20 世纪 90 年代——基于 EDI（电子数据交换）的电子商务。EDI 在 20 世纪 60 年代末期产生于美国，美国首先利用电子设备使簿记工作自动化（无纸办公），降低了成本，提高了办公效率。从最初单项业务的电子化，逐步发展为应用第三方服务或商业增值网，以统一的数据标准，进行多项业务的电子化处理，形成了以计算机、局域网和数据标准为框架的商务系统，即基于 EDI 的电子商务。

（2）1990 年至 2000 年——基于互联网的电子商务。这一阶段互联网迅速普及，逐步从大学、科研机构走向家庭和企业，其功能从信息共享演变为一种大众化的信息传播。同时，以 XML（可扩展标识语言）为代表的新技术不断涌现，它们不仅能融合原有的 EDI 系统，还可协调和集成异构数据，支持不同应用平台，以电子化形式处理所有商业信息。从此，局限于局域网、基于 EDI 的电子商务发生了质的飞跃，形成了以计算机和信息技术为支撑、基于互联网的电子商务。

（3）2000 年至今——E（Electronic，电子）概念电子商务。由于电子商务的全球性、方便快捷性、低成本等优势，伴随着信息技术的发展、个性化需求的不断增加和不同企业的大量进入，其内涵和外延在不断充实，逐步扩展到了 E 概念的高度，开拓了更广阔的应用空间。凡是通过电子方式进行的各项社会活动，即利用信息技术来解决问题、创造商机、降低成本、满足个性化需求等活动，均被概括为 E 概念电子商务。

## 6.1.3　电子商务：通向数字化交易的路径

电子商务是一个不断发展的概念。狭义上，我们可以把电子商务简单地理解为"网络＋商务"，也就是说，企业通过有线或无线的电子网络和工具来开展商业活动。广义上，电子商务作为企业整体营销战略的一个重要组成部分，是以电子信息技术和数字交互技术为基础，以计算机网络为媒介和手段而开展的各种营销活动，包括电子信息服务、电子交易和电子支付 3 个组成部分。它可以提供网上交易和管理等全过程的服务，具有广告宣传、咨询洽谈、网上订购、网上支付、电子账户、服务传递、意见征询、交易管理等功能。

我们一般按照移动电商的业态将其分为 3 类：货架电商、社交电商、兴趣电商。

（1）货架电商对标线下超市。从 2003 年开始，淘宝、天猫、京东、苏宁等电商平台开始发力，随着技术、人才、服务体验等逐步完善，其产品摆放形式类似线下超市货架，因此统称为货架电商。（2）社交电商对标直销的模式。依托社交工具打造出流量闭环，借助自建 IP 账号分享品牌价值、产品内容等，在自主构建的流量闭环中提供内容、服务等的个人或企业的商家，统称为社交电商。（3）兴趣电商对标线下的综合商场，是集休闲娱乐、购物等为一体的商业形态。由于兴趣推荐技术越来越成熟，短视频和直播逐渐普及，商品展示更加生动直观，大量优质 UGC 可以将商品信息用更好的内容形态展示，从而出现了兴趣电商。

# 6.2　电子商务的 3 种业态及其区别

## 6.2.1　货架电商

货架电商是最早发展的电商模式，是比较典型的"人找货"模式，天猫、淘宝和京东就是典型的货架电商平台，消费者一般都会带着某种购买目的逛平台。它的用户行为路径是：需求—搜索—购买。货架电商的搜索推荐功能非常重要，做好搜索推荐不但可以帮助店家增长营收，而且还能够提升用户的购物体验，从而进一步增加用户对平台的黏性。

### 6.2.1.1　天猫

天猫是拥有大量流量的品牌旗舰店阵地，也是"双 11"活动的发起者和领导者，每年都会以最高的成交额引领全网。2023 年 11 月 12 日，天猫发布"双 11"战报，截至 11 月 12 日 0 时，天猫完成交易额约 5403 亿元。天猫"双11"还借助了直播电商、社交电商、短视频等新媒体平台，打造了更加具有互动性和沉浸感的购物体验。

除入驻天猫以外，商家还可以入驻天猫超市、天猫小店（天猫线下渠道）等天猫自营的渠道。近年来，国内众多新消费品牌如 Babycare、HomeFacial Pro、三顿半等都起于天猫。天猫分化了各大消费品类的细分品牌，推出源源不断的新品，并借助渠道将这些新品推到用户面前。

### 6.2.1.2　淘宝

以"让天下没有难做的生意"为企业愿景的阿里巴巴，给予了小微商人、互联网原生品牌一个销售的蓝海——淘宝 C 店。但由于目前阿里系平台中的商家对流量的争夺已经接近白热化，淘宝 C 店曾经的低门槛优势已不复存在。除非是拥有强流量运营能力的团队，大部分新入驻的商家已经很难获得平台的免费流量了。

### 6.2.1.3　京东

京东是国内最早聚焦传统品牌产品的电商平台，其本质是借力已有较强知名度的品牌的用户在线上主动搜索、浏览并购买所产生的流量。

除品牌自营店铺外，京东还拥有京东自营这类自有渠道。虽然京东自营的平台扣点比品牌自营店铺高，但京东自营因为具有良好的物流体验而成为一个迅速发展的优良渠道。

## 6.2.2　社交电商

社交电商，即社交化电子商务，指企业通过和互联网中大量社交软件拥有的广大用户群进行交流，使用户之间或者消费者和经营者之间形成传递、分享的局面，增添品牌的线上影响力，继而产生交易的过程。和以商品为中心的货架电商相比，社交电商将主动权交给了用户，用户参与了更多的环节，以人际关系网络为渠道进行交易，在交流中传递商品信息与企业口碑，并打造更加个性化的消费推荐。

与货架电商相比，社交电商人情味更浓，毕竟社交电商依赖于人的社交链条和社交环境，就像京东旗下的社交电商平台"芬香"，就是以社群分享为核心，给大家提供特价商品。它依托微信的社交生态和京东的供应链，考验的是人的影响力。因此社交电商的用户行为路径是：信任—需求—购买。

常见的社交电商包括会员社交电商模式（即拼多多、云集微店等商业模式）、社群运营模式和社区运营模式，这 3 种模式是对"SoLoMo"（Social media，local and mobile search，即社交、本地化位置和移动网络）空间、时间、社交的重构，如图 6-1 所示。会员社交电商模式通过社交推荐与分享，让消费者快速找到可靠的商品，解决线上最稀缺的时间问题，同时也可以避免消费者因品牌过多而产生的选择焦虑；社群运营模式则在线下最有效地避免了因空间差异产生的问题，让消费者无论身处何地都可以与圈子里的朋友分享、交流；社区运营模式完美地融合了空间、时间、社交三大维度，让消费者无论何时何地都可以从信任的朋友那里获取经验和建议，并且很快就能收到送到家的商品。

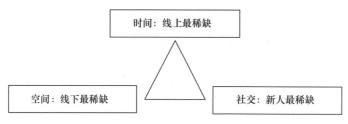

图 6-1　空间、时间和社交的特点

社交商业之所以突然受到企业和媒体的关注，主要是因为它解决了在传统商业中一直困扰企业的效率问题。它将人按群体划分，并据此做到真正的分众传播，精准且免费地触达目标消费者；它也有效缓解了目前获客成本高昂的困境，将获客成本的支付结算推延至产品成功销售之后，让商家不再畏惧白白浪费的营销成本；它更是消费者摆脱选择焦虑和认知困难的良方，基于熟人口碑和 AI 推荐，购物不仅变得更为轻松有趣，还成为一种流行的社交方式。

### 6.2.2.1　会员社交电商模式

随着微信的活跃用户数突破 10 亿，基于微信而生的社交电商的发展也越来越好。拼多多、云集微店等会员社交电商代表告别搜索型购物，改为会员推荐分享、社交拼团等方式。拼多多用擅长的游戏方式充分发挥了社交裂变的优势，云集微店则推崇"自用省钱"和"分享赚钱"的理念。社交电商将电商与社交相结合，同时满足消费者的消费与社交需求，为中国商业打开了新的局面。

社交电商发展初期经历了野蛮生长，彼时微商开始出现，它也是社交电商的前身。随后出现了采用拼团模式，专注下沉市场的小巨头拼多多。这个时期的"野蛮"也体现在分销层级上，常常多达三级分销甚至多级分销。之后，社交电商逐渐正规化。微信出台了管理办法，封锁三级分销和外链口令（针对淘宝客），但这种限制激发了更多创新模式的出现：从用户角度看，有礼包、裂变、拼团模式等；从平台模式看，有库存分销、内容、社区、会员制等。

### 6.2.2.2　社群运营模式

"社群"一词正在成为互联网的高亮关键词。2017 年，脸书创始人马克·扎克伯格在一次活动上说，未来10年脸书的企业愿景将从"连接世界"转向"构建社群，拉近世界"。拼多多的创始人黄峥也说："零售从'物以类聚'，进入'人以群分'的时代。拼多多的快速发展源于它基于社交的'拼'的玩法，基于人与人之间的连接的扩散效应。"

人作为社会化的动物，天生就在寻求认同感，不断建立各种连接，因而"人以群分"是社会的必然。社群承载了社交功能、传播功能和交易功能，它以商业社会最稀缺的信任和分享为核心，打破人找货的惯例，让合适的货找到合适的人。社群运营模式为消费者提供了更值得信赖、更便捷、更有温度的选择，是一种新的社交商业。

在传统商业时代，品牌商（以化妆品为例）要花费20% ~ 30%的收入预算投放在媒体广告上，触达消费者后，消费者进店产生购买行为；而在社交商业时代，品牌通过推荐分享触达消费者，在传播路径中的社交推荐人获得了品牌商20% ~ 30%的收入预算。与此同时，这些利益相关人也与品牌进行了绑定，他们自然就成了"品牌代言人"。这些"品牌代言人"在有意或不经意间对品牌进行传播与分享，影响着他们的社交圈，从而实现品牌与更多消费者之间的连接。社交营销的基础是信任和分享，而非传统的商贸流通关系，消费者和传播者之间的社交关系非常紧密，这一距离的缩短直接提高了推荐的接受率和转化率，既有助于用户黏性的养成，也大大降低了商家的获客成本。

社群运营模式推翻了传统的品牌价值链体系，用 SaaS（Software as a Service，软件即服务）结合物联网技术进行重构，建立起小规模的自运营的社群组织。就零售业而言，利用好这种连接，构建社群组织，发展社群经济，形成社群生态，将是未来企业的主要竞争优势。

### 6.2.2.3 社区运营模式

社区运营模式是指围绕社区流量，针对周边社区居民的刚需，进行高频低值的商品交易的模式。用户群所在的社区地理位置相近，有共同的社群以及相近的消费需求，社区电商在空间、时间、社交3个维度上都实现了对消费者的触达。

社区电商的兴起主要受益于4个方面：首先，移动互联技术的成熟和普及；其次，消费者越来越不愿出门到店购物，在线上购物时又不想等待太长的配送时间，社区电商送到家自然成为最能满足需求的方案；再次，实体店铺的租金负担让零售店不得不往"里"搬；最后，目前大卖场零售的商品结构老化也给了社区电商发展的机会。

但是社区电商自身也有缺陷。社区电商平台需要有广大的网点覆盖，而城市的扩张使得现代社区之间的距离变大，社区规模变小。尤其对于生鲜的社区零售而言，降低损耗并提高周转率非常困难，"最后1千米"配送服务的成本过高，高频低值的生意难以盈利。社区电商对线下商超和传统电商的挑战，实际上也是消费者"到店"和"到家"两种选择的平衡。如果社区电商能解决好运营的问题，那么社区运营模式将成为高效触达消费者并能精准提供服务与产品的一种模式。

## 6.2.3 兴趣电商

2021年4月8日，抖音电商总裁康泽宇在主题演讲中首次阐释了"兴趣电商"的概念，即一种基于人们对美好生活的向往，满足用户潜在购物兴趣，提升消费者生活品质的电商。

和社交电商一样，兴趣电商的购买环境也是"逛"，但是是在用户毫无目的地闲逛时，用内容直接抓住用户的购买兴趣，促成购买。和货架电商、社交电商不一样的是，兴趣电商不依赖货架和社交链，依赖的是大数据，通过大数据精准把控用户兴趣和行为偏好，识别潜在消费兴趣，按兴趣精准推送内容，在用户无目的闲逛的时候引起其购买欲。

兴趣电商的用户行为路径是：兴趣—需求—购买。相比货架电商和社交电商，兴趣电商的转化门槛更低。中国社会科学院经济与科技社会学研究室主任吕鹏表示："兴趣电商对于提供更合消费者需求的产品、加速产业链的发展有重要的意义，给消费侧带来了值得期待的新空间。"目前具有代表性的兴趣电商有抖音和快手。

### 6.2.3.1 兴趣电商对消费端和供给端的影响

#### 6.2.3.1.1 消费端：主动挖掘潜在需求

现如今，打开大众点评、吃播视频就可以发现各种美食；普通人想学习穿搭，可以在微博、小红书、抖音上搜索各种风格类型的穿搭博主。就算找不准关键词，浏览的视频内容也能精确匹配相关商品信息，在降低信息门槛的同时节省了在海量信息里搜寻的时间。当社会发展到一定阶段，人们对购物的理解发生了变化。购物不再是为了温饱，而是为了情感、精神等更高层次的需求；同时，人们需要更专业的人推荐可能对自己有用的商品，传递"原来生活和工作还可以这样"的理念。在以上变化和需求的驱动下，先是出现了通过图文吸引人的网站，之后基于用户搜索历史的社交电商迅速发展。到了短视频时代，内容的立体化和推荐分发技术让电商自身的潜力以及电商对更多元复杂的消费需求的开发和满足发挥得更到位。

兴趣电商基于人们对美好生活的向往，其核心是"主动帮助用户发现他潜在的需求"。拆解兴趣电商的核心，可以找到"主动"和"潜在"两大关键词。消费者通过逛街这种传统的购物方式，在浏览商品的过程中可以发现自己的潜在需求，但商品只能"被动"被发现。传统电商平台让商品"主动"出现在用户眼前，但基于搜索历史的推荐满足的都是"已知"需求，很难了解"潜在"需求。同时满足这两大关键词的兴趣电商最大限度地顺应了消费者的这一需求趋势。

### 6.2.3.1.2　供给端：提高效率，扩大市场

兴趣电商的发展不仅提升了消费者的购物体验，同时还给商家提供了更多发展机会。捕捉到消费者的潜在需求意味着商家的生产、营销和市场都有了优化的方向，同时更加精准的商品投放减轻了商家漫无目的投放商品造成的损耗，提高了资金利用效率。

例如，国产品牌太平鸟服饰 2020 年入驻抖音之后，直播间每个月的成交总额平均增速为 78%。在抖音电商年货节期间，太平鸟女装打破服饰品牌直播纪录，单场直播成交额达 2800 万元。虽然上述只是一个平台和一个品牌的数据，但足以说明兴趣电商可以成为商家发展新阶段的重要发力方向。

兴趣电商模式还具有更广泛的社会价值，具体体现在个人创业者、"三农"产业及农民群体上。

2020 年年初，全国多地农产品滞销。拼多多、京东、抖音等电商平台积极开展农产品带货行动，深入广阔的农村地区，为保障农民收入做出巨大贡献。2022 年，仅抖音一家平台就有 110 位市长、县长参与过带货，把各地农特产推广到全国。兴趣电商为助力脱贫攻坚做出了不可忽视的贡献。

电商本身就给个人创业者提供了极佳的创业平台。到了兴趣电商时代，热衷于小众商品创作的人终于找到了用兴趣爱好赚钱的途径。他们通过在抖音等平台录制短视频，将油纸伞、陶器等原本传统、小众的工艺品向大众进行展示

和科普，不仅让更多人增长了知识，还找到了自己的消费群体，拓宽了销路。

### 6.2.3.2 做好兴趣电商的要点

#### 6.2.3.2.1 建立人格化沟通机制，形成态度追随

抖音的团队提倡品牌要拥有鲜明的"品牌人设"，然而用人设形容品牌与用户的沟通方式并不那么准确，而是要在品牌具有清晰定位的基础上，提取品牌性格中的人格化特质，建立人格化沟通机制，和用户进行平等对话，形成态度追随。

例如，在太平鸟品牌直播间，品牌让拥有不同性格气质的主播组成"PB女团"，对品牌服装进行不同风格的演绎，通过有性格的态度和用户沟通，为用户解决了购买疑问的同时，也表达了品牌态度，最终为自己网罗了一批忠实的女性用户。

#### 6.2.3.2.2 运用效果营销思维，不断修正沟通方式

与品牌定位轻易不能改变不同，内容创作要运用效果营销思维，基于数据洞察，建立内容创作假设，用数据来印证假设的合理性，最后找到创意的最优解。例如，韩国护肤品牌 Whoo 后在和抖音主播进行抖音超级品牌日合作时，成功实现单场直播浏览量超 3 亿、单品销售额达 2.89 亿元的目标。Whoo 后在活动之前，就曾和抖音主播进行过多次短视频带货，通过动态测试，不断修正和用户的沟通方式，最终找出最受欢迎的单品和内容，并在活动开始前进行短视频引流和直播间预热轰炸，配合广告投放工具，最终使得销量迸发。

#### 6.2.3.2.3 品牌＋达人＋IP＋商业广告协作，打破营销孤岛

从品牌经营上来看，玩转兴趣电商考验的不只是品牌的内容创造力，更加考验品牌对于内容的组织协作力。对于品牌尤其是新锐品牌而言，想要在抖音生态内获得快速增长，孤军奋战基本上不可能，需要联合达人以及抖音平台 IP 和商业广告，从短视频、直播、广告投放等形式中，为自己量身定制一套方案。

为了更好地帮助品牌在抖音集合资源，抖音推出了一系列达人撮合、创意制作、数据管理等电商工具，辅助品牌对流量进行精细化运营，强化品牌调性和品牌认知。

#### 6.2.3.2.4 用技术思维做兴趣电商

在兴趣电商的逻辑中，算法胜过一切。品牌做兴趣营销时，仅仅用内容思维还不够，更要用技术思维，在内容和技术双重助力下，实现货与内容最大程度的融合，不仅让货找人，更要用货带人。未来市场上，品牌懂人心、货能找

对人，才是实现销售增长的核心条件。

## 6.2.4 3类电商之间的区别

根据以上分析，可以从以下几个角度总结3类电商的区别，见表6-1。

表6-1 3类电商之间的区别

| | 货架电商 | 社交电商 | 兴趣电商 |
|---|---|---|---|
| 代表性平台 | 天猫、京东、淘宝 | 微信、拼多多、云集微店 | 抖音、快手、B站、小红书 |
| 商业业态 | 大而全的"超市" | 共同属性的社群（会员） | 多业态的"商场" |
| 销售模式 | 人找货 | 人找人 | 货找人 |
| 流量模式 | 引流 | 裂变 | 分发 |
| 商业逻辑 | 广告逻辑 | 信任逻辑 | 兴趣逻辑 |
| 思维模式 | 流量思维 | 关系思维 | 算法思维 |
| 用户决策行为 | 理性购买 | 信任购买 | 冲动购买 |
| 用户行为路径 | 需求—搜索—购买 | 信任—需求—购买 | 兴趣—需求—购买 |
| 品牌建设路径 | 始于认知度 | 始于忠诚度 | 始于美誉度 |

# 6.3 电子商务平台是实现数字化交易的基本途径

在数字化浪潮席卷全球的今天，电子商务以其独特的优势，成为实现数字化交易的重要途径。它不仅改变了传统的商业模式，更引领了一场消费革命。本节将从电子商务与数字化交易的关系、电子商务如何实现数字化交易，以及电子商务对数字化交易的影响3个方面进行分析扩写。

## 6.3.1 电子商务与数字化交易的关系

电子商务与数字化交易紧密相连，互为依存。电子商务是利用互联网、电子设备等信息技术手段进行的商业活动，而数字化交易则是这些商业活动在数字空间中的具体表现。换句话说，电子商务为数字化交易提供了平台和工具，使得商业活动的信息获取、交易执行、支付结算等环节都可以在数字环境中高效完成。因此，电子商务是实现数字化交易不可或缺的重要途径。

## 6.3.2　电子商务如何实现数字化交易

### 6.3.2.1　商品信息数字化展示

在电子商务平台上，商品信息以数字化的形式进行展示。这包括商品的图片、详细描述、价格、库存状态等。通过搜索引擎、推荐算法等手段，消费者可以轻松获取这些信息，从而进行购买决策。数字化展示不仅提高了商品的可见性和可达性，还为消费者提供了更加丰富、便捷的购物体验。

### 6.3.2.2　交易过程数字化执行

电子商务的交易过程也实现了数字化。消费者可以通过电子支付系统完成货款的支付，无需使用现金或传统银行转账。同时，商家可以利用自动化的订单处理系统和物流信息系统，将商品准确、快速地送达消费者手中。整个交易过程都在数字平台上进行，大大提高了交易的效率和安全性。

### 6.3.2.3　客户服务数字化支持

电子商务平台还提供了数字化的客户服务支持。消费者可以通过在线客服、智能问答机器人等方式咨询商品信息、解决售后问题。这些数字化的客户服务工具不仅提高了服务响应速度和处理效率，还为消费者提供了更加便捷、个性化的服务体验。

## 6.3.3　电子商务对数字化交易的影响

### 6.3.3.1　推动了数字化交易的普及和发展

电子商务的兴起和发展，极大地推动了数字化交易的普及和发展。越来越多的企业和个人开始通过电子商务平台进行交易，享受数字化交易带来的便捷和高效。同时，随着电子商务技术的不断创新和进步，数字化交易的范围和深度也在不断拓展和提升。

### 6.3.3.2　改变了消费者的购物习惯和商业模式

电子商务的普及和发展，改变了消费者的购物习惯和商业模式。消费者不再受限于时间和地点，可以随时随地通过电子商务平台进行购物。这种购物方式的转变不仅提高了消费者的购物体验和生活质量，也促进了商业模式的创新和变革。商家可以通过数据分析、精准营销等手段更好地满足消费者需求，提升市场竞争力。

### 6.3.3.3　促进了全球贸易的繁荣和发展

电子商务的跨国性特点使其成为全球贸易的重要推动力量。不同国家和地区的商家可以通过电子商务平台进行跨国（地区）交易，打破了地域限制和时间限制。这种全球化的交易模式不仅拓宽了商家的销售渠道和市场空间，也为消费者提供了更多的购物选择和便利。同时，电子商务还促进了国际的文化交流和经济合作，推动了全球贸易的繁荣和发展。

# 7 持久用户关系的维护与私域流量转化

## 7.1 维护用户关系的核心是运营私域流量

### 7.1.1 私域流量的定义

所谓私域流量，是相对公域流量而言的，指的是企业或个人可以进行两次以上链接、直接触达、发售相关市场营销活动的流量。私域流量和域名、商标、商誉一样属于企业私有的数字化资产，是企业的私有财产，可以通过公众号、微信群、个人微信号、抖音等自媒体渠道进行存储。私域流量的崛起意味着企业在成长，它代表企业从跑马圈地式的流量收割转向了精细化的用户管理。企业通过构建自己的私域流量池，达到与用户连接、提高用户忠诚度和销售额的目的。

### 7.1.2 私域流量和公域流量的区别

公域流量就是一个公共区域内的流量，是各个流量平台上的流量，它是大家共享的、不属于企业和个人的流量。如果企业要获取公域流量，就要花钱购买。今日头条、腾讯新闻、百度新闻等都是公域流量池的代表。实际上，公域流量的范围非常广，大众点评、美团、58同城等地域服务性质的平台也是公域流量池。而微博、微信、抖音、快手、QQ 等社交平台上既有公域流量也有私域流量。目前，流量红利已经逐渐消退，获取流量的难度不断加大。依赖公域流量，就意味着企业的成本会不断攀升。

私域流量是企业和个人自主拥有的流量，它是免费的、可重复利用的、可控制的。企业或个人微信公众号、微信个人号上的流量就是私域流量。

私域流量和公域流量是一个相对的概念，私域流量是通过沉淀和积累获得的更加精准的流量，例如看到微信朋友圈分享后进群的用户、观看淘宝直播后进入店铺群的用户。公域流量则与私域流量相反，是花钱从平台上买来的、一次性的流量，如淘宝直通车带来的流量，朋友圈广告、视频贴片广告等带来的流量。打个简单的比方，公域流量就像一条河，私域流量就像一个小池塘。在河里捕鱼的人越来越多，捕获一条鱼的成本也越来越高，因此越来越多的人选择自建池塘，把鱼养在小池塘里，以降低捕捞成本。

## 7.1.3 维护用户关系的核心是运营私域流量

私域的本质是什么呢？就是那群可以反复"骚扰"的人。在互联网普及之前，私域流量就是消费者的电话号码、邮箱或家庭地址。通过多种可以直接联系的方式，企业可以多次向消费者传递产品信息。

互联网时代的私域流量不再是简单的通信录好友名单，而是具有人格化特征的流量池。互联网时代奉行"流量为王"，而私域时代的核心是强调"用户关系"，因此，要学会利用用户思维来运营私域平台的流量。用户思维的关键在于获得用户信任，因此，打造私域流量池时要把握用户群体的心理和需求，切实从用户需求出发，提供用户需要的价值。

要运用用户思维，就要分析用户喜欢什么、需要什么，这样才能打造出用户喜欢的产品和内容来赢得用户的青睐。举个例子，"手机摄影构图大全"公众号创始人构图君是一位构图分享者，原创了 300 多篇构图文章，提炼了 500 多种构图技法，不仅数量很多，而且非常有深度，通过摄影构图这个细分场景来打造私域流量池，聚集了一大批爱好手机摄影的用户。为了让大家省心省时，他不仅每天在公众号上分享文字，还从各个角度，为大家编写了多本摄影图书，解决不同场景下社群用户的摄影难点和痛点。另外，对于没有时间看书的用户，构图君通过手机微课直播来传递摄影知识、筛选干货、分享精华内容以及和粉丝进行交流。不管是在公众号还是微课上，构图君都聚集了一大批忠实的用户。在构图君的私域流量池中，内容传播就是图片、文章以及直播等硬知识的传递，用户运营就是公众号、微信群以及朋友圈等媒介的引流，而商业场景则是图书、电子书以及直播等变现渠道。

通过私域流量池的运营，流量主与用户之间的信任关系一旦形成，就没有了"广告"，社群成员会觉得，流量主推送的消息是为了解决自己的问题，满足自己生活的需求。因此，私域流量的基础在于用户思维。企业通过打造自身人设，满足用户的极致需求，形成和用户之间的信任关系，并持续维护良好的用户关系，将流量获取升级到用户留存——只有做到这些，企业的私域流量池才会越来越大，越来越稳定。

## 7.2　私域流量的重要性与价值体现

做私域流量最重要的就是可以将渠道费用省下来，直接扩大利润空间。企业可以把熟客变成自己的推广渠道，通过熟客实现销售裂变，进一步扩大用户规模。而且沉淀熟客更容易制造和传播口碑，有利于品牌的成长。以下总结了3点做私域流量的重要性与价值体现。

### 7.2.1　降低营销成本

过去，尽管用户购买了企业的产品或服务，但企业并未主动与他们建立联系，导致这些客户流量并未真正归属于企业。以某企业在电商平台开设店铺为例，该企业投入资金在平台上进行了一系列推广活动，吸引了顾客 A 通过活动购买了产品。然而，完成购买后，顾客 A 便回到了电商平台，他仍然是平台的用户，而非企业的忠实客户。因此，企业若想再次与顾客 A 取得联系，将面临较大困难，且需承担较高成本。

然而，如果顾客 A 添加了企业客服的个人微信号或加入了企业微信群，情况将大不相同。当企业推出新产品或举办活动时，便能通过这些免费渠道轻松触达用户。企业可以主动与用户互动，通过更新朋友圈、群发消息等方式推广新产品和活动。

没有建立私域流量的企业，只能被动等待用户上门，或者投入大量资金铺设渠道、进行产品推广。因此，无论是线上电商还是实体店铺，都可以通过运营私域流量来降低获客成本。例如，某电商企业注册了 10 个个人微信号，并成功积累了 2 万名老客户。为了运营这些微信号，企业聘请了 2 名运营人员，分别负责文案内容和客户维护。每当企业推出新品时，便在朋友圈和微信群进行宣传。通过这种方式，该电商企业一年下来节省了大量刷单费用。虽然这种方法看似简单，但却为企业带来了可观的利润。使用个人微信号与用户建立联系不仅更加便捷、成本更低，还能增强用户黏性。

当然，私域流量的运营并不仅限于微信平台。微博、抖音、头条等社交媒体渠道也是企业需要关注和耕耘的重要领域。通过多渠道布局和精细化运营，企业可以更好地打造自己的私域流量池，从而实现更高效的用户转化和持续增长。以线上为例，公域和私域在曝光成本上的差异也非常明显。

公域平台运用的是广告平台逻辑，以抖音、天猫为代表，按展示次数收品牌的广告费用，曝光 1000 次的费用预估在 100 元以上。私域平台运用的是电信运营商逻辑，只收基础通信费用，例如微信流量、电话短信费用。一旦拿到了用户的授权联系方式，触达用户就只需要花费基础通信费用，只要用户不删微信好友、不拉黑，就可以随时触达用户。

公域和私域还有一个重要的变量是平台的货币化率。公域的电商平台（例如天猫）的抽佣率已经超过了 8%，并且每年都在增长；至于国外企业（如亚马逊公司）的抽佣率更高，普遍在 15% ～ 20%。而在微信私域小程序中，抽佣几乎只占微信支付的 6‰，如果流水高还可以降到 2‰。

## 7.2.2　强化与用户的纽带

在日益激烈的市场竞争中，用户随时可能被竞争对手吸引走。如果企业仅仅依赖产品来维持与用户的联系，那么这种关系将非常脆弱。一旦市场上出现类似的竞品，用户很可能会选择离开。因此，企业需要与用户建立更加稳固的关系。

例如，企业可以邀请用户加入其社群，并经常组织社群内的活动，以促进用户之间的互动和参与。通过运营私域流量，企业可以与用户建立更深厚的情感纽带，从而增强用户的忠诚度和稳定性。这样，用户不会轻易流失，而是更愿意长期与企业保持联系。

以一个餐饮店老板为例，过去他的顾客在用餐后就离开，与店铺没有任何进一步的联系，回头客的数量也非常有限。当店铺举办活动时，他只是在门口放置一个易拉宝，缺乏其他有效的推广手段，导致店铺经营困难。然而，自从他开始关注私域流量后，情况发生了显著变化。他创建了一个名为"吃货群"的微信群，通过这个社群来沉淀老客户。他在朋友圈里积极推广店铺的活动和新菜品，吸引老客户的关注。最初，他采用"加微信，送小菜"的方式成功积累了一批老客户。随后，他利用微信群提供订座、订菜服务，并举办了一系列优惠活动和试菜活动。这些举措不仅增加了老客户的黏性，还吸引了更多新客户的光顾。

要留住老客户，除了提供优质的产品外，还需要不断唤醒他们的记忆，加深他们对产品的印象。虽然运营私域流量需要投入时间和精力，但它能够帮助企业在客户群体中提高曝光度，并吸引更多回头客。因此，对于想要与用户建立长期稳固关系的企业来说，私域流量是一个不可忽视的重要资源。

## 7.2.3　更有效地塑造品牌形象

品牌的形成不仅仅依赖于产品、企业文化、服务等客观因素，还需要特别关注用户的体验、感知和信任等主观感受。在用户心目中建立起可信赖的、有温度的品牌形象，是获得口碑和影响力的关键。

通过运营私域流量，企业可以让用户更加近距离地体验其服务，并与其他用户进行直接交流。这种口碑传播方式能够加深用户对产品和品牌的认识，其效果远胜于企业的主动宣传。小米品牌的快速崛起就是一个很好的例子，它得益于无数忠实用户的口碑传播。

在 2013 年，小米的 F 码（朋友邀请码）甚至变得比春运火车票还要抢手。每当新手机发布时，成功抢到 F 码的"米粉"们都会在朋友圈和微博上分享他们的喜悦。这种"炫耀"行为不仅让关注小米手机的用户感受到了购买热潮，还让那些原本对小米手机不感兴趣的"路人"也被这股热潮所吸引。因此，小米品牌的知名度得以迅速提升。

私域流量运营是解决获客难、降低获客成本的有效途径。它能够帮助企业更好地留住用户，甚至将用户转化为忠实粉丝。因此，对于企业和运营人员来说，深入研究并掌握私域流量运营技巧是非常有价值的。

# 7.3　运营私域流量的策略与技巧分享

## 7.3.1　运营私域流量的模式

很多人认为，私域流量的玩法只适合体量小的初创企业，不适合体量大的公司。其实不然，公司无论大小都可以做私域。目前，运营私域流量的模式通常有以下 3 种。

### 7.3.1.1　购物助手

购物助手通常应用于销售端，如百货商店，其用户关系是一对多，并不需要成立社群。这种方法面对的顾客群体较为广泛，因此适合高性价比和高需求性的消费品。例如屈臣氏这类线下店完全可以采用购物助手的方式，帮助用户了解上新和完成售后服务，甚至可以打通原来的 CRM 系统，给予用户个性化推荐。这个方式非常适合在创业早期的小品牌，能帮助他们的用户理解品牌，实现转化。

### 7.3.1.2　话题专家

话题专家适合有非常明显特征的消费群体的运营，这类群体具有共性需求且组群意愿高，其适合的为专业性或有关生活方式的品类。"她经济研究所"社群就属于这个类型。这是一个关于女性经济和女性营销的专业社群，入群的人有营销、经济等方面相同的兴趣爱好，她们互相切磋学习，并从多种需求方的交互中完成需求和能力的匹配。社群里有品牌（广告主）、KOL（流量主）、MCN、广告公司，打通了产业链上下游需求地；同时也有创业者和投资人，打通了投资方和被投资方。

而大品牌，尤其是那些有核心凝聚力的品牌，例如小米、SK-Ⅱ、耐克、露露乐蒙、喜茶，可以通过聚拢品牌的超级粉丝，形成兴趣社群，在社群里组织活动，搭配线下活动，让社群变成品牌社群，做品牌的扩音器。

### 7.3.1.3　私人伙伴

私人伙伴通常适用于客单价非常高的奢侈品或者教育、健身行业，面对的顾客具有高忠诚度、高私密性以及高个性化要求等特点。一般来说，大公司才有能力为消费最多的贵宾提供私人伙伴的服务。私人伙伴给予用户全方位的指导和帮助，并成为他们生活中的一部分。

## 7.3.2 运营私域流量的策略与技巧

运营私域流量的策略与技巧，对于企业来说，是提升用户黏性和转化率的关键。以下详细展开谈谈具体的策略与技巧。

### 7.3.2.1 搭建私域流量池

#### 7.3.2.1.1 选择合适的渠道

根据目标用户的特征和喜好，选择适合的自媒体平台、社群运营渠道或微信生态下的工具（朋友圈、公众号、企业微信等）。这些渠道应与企业的品牌形象和产品特点相契合，以便更好地吸引目标用户。

#### 7.3.2.1.2 打造吸引力

在选定的渠道上，通过精心设计的页面布局、有趣的内容展示和吸引人的互动方式，提升用户对企业的关注度和兴趣。这可以包括独特的视觉设计、引人入胜的文案、有趣的互动游戏等。

#### 7.3.2.1.3 引流策略

制订有效的引流策略，将公域流量转化为私域流量。这可以通过在社交媒体上发布有吸引力的内容、与其他相关账号合作推广、开展线上活动等方式实现。同时，要关注用户反馈，不断优化引流策略，提高转化率。

### 7.3.2.2 输出优质内容

#### 7.3.2.2.1 确定内容主题

根据目标用户的需求和兴趣，确定内容主题和方向。要确保内容具有实用性和趣味性，能够引起用户的共鸣和兴趣。同时，要保持内容的一致性和连贯性，形成独特的内容风格。

#### 7.3.2.2.2 制作高质量内容

注重内容的制作质量，包括文字表达、视觉呈现、音频视频质量等。要聘请专业的内容创作者或团队，确保内容的专业性和吸引力。同时，要关注内容的更新频率和时效性，保持与用户的持续互动。

### 7.3.2.2.3    优化内容传播

通过 SEO（搜索引擎优化）、社交媒体推广、合作伙伴分享等方式，提高内容的曝光率和传播效果。要关注用户反馈和数据分析，不断优化内容质量和传播策略，提高用户黏性和转化率。

## 7.3.2.3    个性化服务与互动

### 7.3.2.3.1    了解用户需求

通过数据分析、用户调研等方式，深入了解每个用户的需求和偏好。要建立用户画像，为不同类型的用户提供有针对性的服务和解决方案。

### 7.3.2.3.2    提供定制化服务

根据用户的需求和偏好，提供定制化的产品推荐、内容推送、活动邀请等服务。要关注用户的反馈和需求变化，及时调整服务策略，提高用户的满意度和忠诚度。

### 7.3.2.3.3    积极互动与回应

在私域流量池中，与用户保持积极的互动和回应是至关重要的。要及时回答用户的问题、解决用户的疑惑，关注用户的反馈和建议，以便更好地满足他们的需求。同时，要通过有趣的互动方式（如问答、投票、抽奖）激发用户的参与热情，增强用户对品牌的认同感和归属感。

## 7.3.2.4    营销活动与激励

### 7.3.2.4.1    策划多样化的营销活动

为了吸引用户的注意力和提高转化率，企业应策划多种类型的营销活动。例如，限时优惠可以刺激用户尽快下单购买，拼团活动可以鼓励用户邀请亲友一起购买以享受更低的价格，抽奖活动则可以通过设置诱人的奖品吸引用户参与。这些活动应根据企业的产品特点和目标用户的需求进行定制，确保活动的有效性和吸引力。

### 7.3.2.4.2    设定明确的激励机制

为了鼓励用户积极参与营销活动，企业应设定明确的激励机制。例如，对于参与活动的用户，可以给予积分奖励，积分可以用于兑换商品或抵扣现金；对于在活动中表现突出的用户，还可以额外赠送优惠券或提供会员特权。这些激励机制应公开透明，确保用户能够清楚了解参与活动所能获得的收益。

#### 7.3.2.4.3 营造热烈的活动氛围

除了策划好的活动和激励机制外，企业还应通过各种渠道营造热烈的活动氛围。例如，可以在社交媒体上发布活动预告和进展，邀请"网红"或意见领袖进行推广，还可以在活动现场设置互动环节和表演。这些措施可以提高活动的曝光度和参与度，进一步激发用户的购买欲望。

### 7.3.2.5 数据分析与优化

#### 7.3.2.5.1 收集全面的用户数据

为了深入了解用户的需求和行为特点，企业应收集全面的用户数据。这包括用户的基本信息（如性别、年龄、地域）、行为数据（如浏览记录、购买记录、互动记录）以及消费数据（如购买金额、购买频次、购买偏好）。这些数据可以通过网站分析工具、CRM 系统或第三方数据平台等渠道进行收集。

#### 7.3.2.5.2 进行深入的数据分析

收集到用户数据后，企业应进行深入的数据分析。例如，可以通过对用户的购买记录和浏览记录进行分析，了解用户的购买偏好和消费习惯；通过对用户的互动记录进行分析，了解用户对哪些内容或活动更感兴趣；通过对不同用户群体的数据对比，发现潜在的市场机会和竞争优势。这些分析结果可以为企业的运营策略和内容输出提供有力支持。

#### 7.3.2.5.3 及时调整优化策略

根据数据分析的结果，企业应及时调整优化策略。例如，如果发现用户对某类内容更感兴趣，可以增加该类内容的输出频率和质量；如果发现某类活动的参与度较低，可以调整活动形式或加大奖励力度以提高参与度；如果发现某些用户群体的转化率较低，可以针对这些用户制订更精准的营销策略。这些优化措施可以帮助企业更好地满足用户需求，提高运营效果和用户满意度。

### 7.3.2.6 社群运营与管理

#### 7.3.2.6.1 确定社群的主题和定位

在建立社群之前，企业应明确社群的主题和定位。这可以根据企业的产品特点、目标用户群体以及社群运营的目的来确定。例如，可以建立以产品为主题的社群，方便用户交流使用心得和反馈问题；也可以建立以兴趣爱好为主题的社群，吸引具有共同兴趣的用户聚集在一起。无论哪种类型的社群，都应确保主题明确、定位清晰，以便更好地吸引和管理目标用户。

### 7.3.2.6.2　制订社群规则和管理制度

为了确保社群的秩序和活跃度，企业应制订社群规则和管理制度。这包括规定用户的言行举止、禁止发布广告或恶意信息、设定管理员职责和权限等。同时，还应建立用户反馈机制，及时处理用户的问题和投诉。这些规则和管理制度应在社群成立之初就明确告知用户，并确保得到用户的认可和遵守。

### 7.3.2.6.3　定期分享有价值的内容和信息

为了提升社群的凝聚力和用户黏性，企业应定期在社群中分享有价值的内容和信息。这可以包括行业动态、产品资讯、使用技巧、用户案例等。这些内容应具有一定的专业性和实用性，能够满足用户的需求和兴趣。同时，还可以邀请行业专家或意见领袖进行分享和交流，提高社群的影响力和权威性。

### 7.3.2.6.4　及时处理问题和矛盾

在社群运营过程中，难免会出现一些问题和矛盾。例如，用户之间可能因为意见不合而发生争执，或者因为对某些内容不理解而产生误解。在这种情况下，企业应及时介入处理，化解矛盾并给出明确的解释和说明。同时，还应关注用户的反馈和建议，不断优化社群运营策略和内容输出方向。

# 8 直播营销与短视频营销的创新应用

## 8.1 直播营销概述与主要直播电商平台

### 8.1.1 直播营销概述

#### 8.1.1.1 直播营销的定义

"直播"一词由来已久，在传统媒体平台就已经有基于电视或广播的现场点播形式，如晚会直播、访谈直播、体育比赛直播、新闻直播。词典对直播的定义为："与广播电视节目的后期合成、播出同时进行的播出方式。"随着互联网的发展，尤其是智能手机的普及和移动互联网的速度提升，直播的概念有了新的延展，越来越多基于互联网的直播形式开始出现。所谓"网络直播"或"互联网直播"，指的是用户在手机上安装直播软件后，利用手机摄像头对发布会、采访、旅行等进行实时呈现，其他网民在相应的直播平台可以直接观看和互动。

2020 年的电商直播除了继续改变传统电商中"人—货—场"的关系链之外，还碰撞出不少新玩法。打开直播间，琳琅满目的商品即刻呈现在用户眼前。其中，主播吸引了大多数人的目光。除了头部的原生零售主播之外，2020 年电商直播场域迎来了一批跨界的名人，媒体新零售雏形正在形成；虚拟偶像主播的名气渐盛，标志着"二次元"文化与"三次元"市场正走出一条融合路径；还有数不胜数的商家自建直播团队或通过第三方运营公司进行代播。

### 8.1.1.2　直播营销的特点

#### 8.1.1.2.1　互动

直播天生就具备极高的互动性，这一点是其他媒体所无法比拟的。用户在观看直播的过程中，可以实时发布评论，自由地表达情感和观点。这种强大的交互性让品牌更加真实、贴近消费者，从而增强了品牌的亲和力。正因如此，众多品牌纷纷将直播视为品牌营销的核心阵地。与图文和视频相比，直播所带来的冲击力更为强烈，同时在直播的互动环节中还有可能产生具有二次传播价值的内容。

#### 8.1.1.2.2　真实

第一，直播拉近了受众与平台、品牌的距离。直播平台的出现，可以让许多实时发生的事件呈现"第一现场"，改变媒介传播的形态。直播是一种新的沟通界面，它区别于以往沟通界面的地方在于，它不再是自上而下的传播模式，不再是企业、品牌经过严格筛选的信息传播模式，而是一种能够直接对接消费者，未经修饰的、最原始的品牌展示。在展示产品、发布新品等方面，通过这种全新的、开放性的模式，品牌可以用更加平等的姿态和消费者互动。第二，满足受众的猎奇心理。直播如此受欢迎，一方面是因为移动互联网和社交媒体的发展，降低了用户参与的门槛，用户利用手中的移动设备可以随时捕捉周围的事物与环境，分享个人的兴趣和关注点，形成了全民直播的盛况；另一方面，直播充分满足了移动互联网时代的用户想要随时秀出自我的诉求。

#### 8.1.1.2.3　体验

直播营销通过实现人与产品的深度连接，将单一的产品巧妙地融入场景中，从而打造出真正意义上的场景营销。同时，直播过程中的"弹幕"等互动形式，使得主播能够即时获取受众的真实反馈和感受，进而优化直播内容和形式。

直播营销所具备的互动、真实和体验三大特点，赋予了其实时营销和二次营销的独特优势。实时营销确保了用户的深度参与和即时互动，而二次营销则通过提炼直播中的精彩内容、新发现的卖点或话题点等，借助社交媒体等渠道进行再次传播，从而实现了更广泛的覆盖和影响。这种双重营销的特性，使得直播营销在品牌推广和用户互动方面更具效果。

## 8.1.2 直播的发展历程

网络速度和硬件水平是影响互联网直播行业发展的主要因素。直播行业起源于 1998 年，爆发于 2016 年。其间，直播战场由 PC 端转向移动端，直播内容由单一的图文、秀场发展到电竞游戏，再向电商、体育、教育、社交等多领域渗透。其发展历程可大致分为 5 个阶段，依次为论坛直播、秀场直播、游戏直播、移动直播、直播电商。

### 8.1.2.1 论坛直播（1998 年开始）

拨号上网与宽带上网兴起的时候，网速普遍较慢，网民上网以聊天、看新闻、逛论坛为主。因此，这一时期的直播形式仅支持文字或图片，网民通过论坛追帖、即时聊天工具分享等形式，了解事件的最新进展。由于文字直播、图片直播适合喜欢阅读、爱看文字的受众，因此受众面较窄。

### 8.1.2.2 秀场直播（2005 年开始）

网络直播市场随着互联网模式演化起步，自 2005 年开始，以 YY、六间房、9158 为代表的电脑 PC 端秀场直播模式逐渐为大众熟知。这时期，用户消费主要在于社交关系（用户等级体系、白名单特权等）和道具打赏两方面。2013 年 12 月 4 日，4G 牌照的发放标志着我国电信产业正式进入 4G 时代，也意味着网络直播由起步期向发展期过渡。

### 8.1.2.3 游戏直播（2014 年开始）

随着计算机硬件的发展，网民可以打开计算机进行多线操作，一边听 YY 语音直播，一边玩游戏——游戏直播开始兴起。

这个阶段以《英雄联盟》《DOTA》等游戏为代表，形成了一种多人同时在线竞技的游戏模式，满足了玩家的娱乐、社交需求。

### 8.1.2.4 移动直播（2016 年开始）

2016 年，国内 4G 网络建设稳步推进，3 家基础电信企业集体步入"4G ＋"时代，智能手机硬件也不断升级，移动互联网逐步提速降费。用户通过移动手机客户端实现了移动直播，全民进入移动直播时代。与此同时，大批直播网站火速发展，网络直播市场迎来了爆发期，因此这一年被称为"中国网络直播元年"。在这个阶段，网络直播向泛娱乐、"直播＋"演进，出现更多垂直细分行业。在社群经济上，各行业与网络直播结合，与用户进行实时互动，增加用户黏性；在商业模式上，网络直播不只是虚拟道具，它还能与其他互联网商业模式进行嫁接。

2015 年，映客、熊猫、花椒等纷纷布局移动直播市场，相关直播创业公司也顺势成立，高峰时，市场上曾出现 300 余个直播平台。2017 年，经过 1 年多的行业洗牌，市场中知名度较高的直播平台仅剩数十家，其中具有代表性的平台有花椒直播、映客直播、一直播等。

### 8.1.2.5  直播电商（2018 年开始）

直播电商真正大爆发是在 2020 年。从"网红"、企业创始人、明星再到普通人，可谓参与者众多。目前直播电商有三大类平台：电商平台（淘宝、京东、拼多多等）、内容社交平台（抖音、快手、微信、微博等）、"种草"类平台（B 站、小红书等）。整体来看，淘宝、抖音、快手在直播电商领域切入得比较早，且出台了各类扶持政策助力直播电商生态的构建。现在其他的平台也纷纷切入这一领域，甚至连微信等都推出了直播栏目。长远来看，电商和内容之间的边界逐渐模糊。未来，直播电商将不断升级，成为电商平台、内容社交平台以及各种其他平台的标配。

## 8.1.3  我国主要的直播电商平台

目前电商直播行业仍以头部主播为主导，各平台的头部主播热度仍较高。但随着品牌商家的入局，品牌直播间的影响力逐渐增大，未来品牌直播间与主播的联动将成为电商直播新的增长点。

在网络直播的发展过程中，各种类型的直播平台不断涌现。

### 8.1.3.1  淘宝直播

2019 年，淘宝直播电商爆发，平台进入真正的电商元年。淘宝直播发布的《2020 年淘宝直播新经济报告》指出，2019 年淘宝开播账号数量大增，相比 2018 年，增速已达 100%。随着淘宝直播的普及，淘宝用户画像也发生了一些变化。

越来越多的男性加入直播间进行消费。对比 2018 年，2019 年男性用户比重提升了 6%，淘宝直播中男性消费者占比已近四成。从年龄结构上看，用户群体依旧以"80 后""90 后"为主，其次是"70 后"，"00 后"也已占据相当比重。"30 岁以上的姐姐"逐渐成为大众关注的对象。《淘宝直播女性用户数据报告》显示，姐姐和妹妹的直播消费行为有着较大区别：30 岁以上的姐姐平均每天在淘宝直播中的消费时长超过 20 分钟；对比妹妹们，姐姐们更偏爱母婴、珠宝等类目；"高客单价""家庭"是姐姐们的消费关键词；姐姐们平均月收入的 25% 都花在淘宝直播上，月均消费超过 1000 元，是妹妹们的 2 倍。

### 8.1.3.2　抖音直播

抖音电商发布的《2024 抖音电商达人成长报告》（以下简称《报告》）显示，过去一年，抖音电商新增带货达人 528 万人，同比增长 74%。带货达人总直播时长同比增长 40%，带货达人总销售额同比增长 43%。

《报告》分析周期为 2023 年 7 月 1 日至 2024 年 7 月 1 日，同比周期为 2022 年 7 月 1 日至 2023 年 7 月 1 日。从地域来看，杭州、广州、深圳、泉州、郑州的带货达人分布比较密集，城市达人数量位居前五。其中，杭州已成为直播带货第一城。在商品带货销售额方面，女装销售额第一，其次是美容护肤、男装、童装、零食 / 坚果等类目。抖音直播的影响力逐年增大。

### 8.1.3.3　快手直播

快手的年轻用户占比大，地域分布更下沉。《快手人群价值报告》指出，35 岁以下人群占比超七成；18 岁以下人群占比也较为突出，约占总体的 11%。在地域分布上，快手用户十分接地气，主要分布在二线城市和四线及以下城市。主播数量排名前三的省份为河北、广东和辽宁。来自广东、河北和山东的直播用户最多。

在直播内容上，女性主播偏好日常生活展示和才艺技能展示两大类别；男性主播则偏好科普教学和游戏直播。

快手平台上的用户兴趣呈现多元化趋势，直播内容也相应地涵盖了多个领域。商品售卖及推荐是直播中最受欢迎的内容之一，同时，展示日常生活、进行问答互动以及提供"宅人"娱乐的直播也占据了相当大的比例。例如，在特定领域如汽车改装，快手上的日均直播场次已经超过 3 万场，而知识主题类直播更是高达 40 万场，显示了用户对专业知识的强烈需求。

在细分领域的发展上，快手同样表现出色。以母婴和宠物行业为例，这两个行业在快手直播上均取得了显著的发展。根据最新的《快手母婴生态报告》数据显示，快手的泛母婴人群规模已扩大至近亿级别，精准母婴人群也达到了数千万级别。在过去的一段时间内，母婴类直播场次实现了快速增长，增长率超过了 100%，显示了母婴市场在快手平台上的巨大潜力。在母婴直播中，晒娃类内容最受欢迎，尤其是女性主播更倾向于分享这类内容。同时，亲子育儿、幼儿园生活以及亲子剧场等直播内容也受到了广大用户的喜爱。

快手平台成功地利用了其社区属性和创作者的私域流量，通过去中心化的流量分配模式，增强了用户黏性和社区氛围。这种独特的运营模式使得快手在直播领域取得了显著的优势，也为创作者和用户提供了一个更加紧密互动的平台。

# 8.2 直播营销的典型模式与案例分析

## 8.2.1 直播营销的典型模式分析

目前，比较流行的直播营销有以下几种模式。

### 8.2.1.1 "直播＋发布会"营销模式

"直播＋发布会"是当下一线品牌吸引眼球、抢占流量、制造热点的营销利器。发布会往往具有极强的现场感染力，是一个企业宣传企业文化或品牌内涵的最佳场所。

### 8.2.1.2 "直播＋产品体验"营销模式

对于产品体验，相比精心编制的宣传片，实时直播更能给受众带来真实感，有助于消除他们在初接触产品时的犹豫和疑惑。通常与美食、旅游、文化展会等相关的注重实地体验感的产品会选择这种直播营销模式。

### 8.2.1.3 "直播＋互动活动"营销模式

在很多直播营销中，互动活动被狭义地理解成了直播营销过程中的互动方式，但是直播营销前的互动也能极大地激发受众的参与热情。

### 8.2.1.4 "直播＋解密"营销模式

"直播＋解密"的营销模式通常会运用在新事物的推广中。

"直播＋解密"的营销模式在新事物的推广中具有很高的效用。这种模式结合了直播的实时互动性和解密环节的神秘吸引力，能够有效地吸引观众的注意力，提升他们对新产品的兴趣和购买意愿。

首先，直播作为一种新兴的媒体形式，具有实时性、互动性和真实性等特点。通过直播，企业可以直接向消费者展示新产品的外观、功能和特点，让消费者在第一时间了解到产品的最新信息。同时，直播中的互动环节也可以让消费者提出问题、分享看法，从而增强他们对产品的认知和信任感。

其次，解密环节是"直播＋解密"营销模式中的另一大亮点。解密过程往往充满神秘感和趣味性，能够激发观众的好奇心和探索欲。在直播中，企业可以通过设置悬念、逐步揭晓答案等方式，引导观众关注产品的关键特性和优势，从而提升他们对产品的兴趣和购买意愿。同时，解密环节也可以增加直播的观赏性和娱乐性，让观众在轻松愉快的氛围中接受产品信息。

再次，"直播＋解密"的营销模式还具有很强的社交属性。观众可以通过直播平台与主播、其他观众进行实时交流，分享心得和体验，形成良好的互动氛围。这种社交互动不仅有助于提升产品的知名度和美誉度，还可能引发口碑传播和病毒式营销，进一步扩大产品的影响力。

最后，值得注意的是，"直播＋解密"的营销模式需要精心策划和执行。企业需要选择合适的直播平台、搭建专业的直播场景、设计吸引人的解密环节，并邀请具有影响力和专业度的主播进行推广。同时，企业还需要密切关注直播过程中的观众反馈和互动情况，及时调整策略以优化效果。

### 8.2.1.5 "直播＋大佬访谈"营销模式

在当前复杂多变的直播营销环境中，各种直播内容层出不穷，质量参差不齐。为了在这种环境中脱颖而出，并赋予品牌更高的可信度和权威性，一种有效的策略就是引入行业内的专业人士或知名大佬参与直播。这种"直播＋大佬访谈"的营销模式不仅能为直播内容增添专业性和深度，还能显著提升观众对品牌的信任度和好感度。

通过邀请行业内的大佬参与直播，企业可以借助他们的影响力和专业知识，为观众带来更具价值的内容。这些大佬的分享和见解往往能引发观众的共鸣和思考，从而加深观众对品牌的认知和印象。同时，大佬们的参与也相当于为品牌做了一次背书，进一步提升了品牌的可信度和声誉。

此外，"直播＋大佬访谈"的营销模式还有助于企业更好地实现品牌营销目的。通过与大佬们的交流和互动，企业可以更准确地把握市场动态和消费者需求，从而更有针对性地进行产品推广和品牌传播。这种营销模式的实施，需要企业在直播策划、嘉宾邀请、内容设计等方面下足功夫，确保直播内容的专业性和吸引力，才能实现最佳的营销效果。

### 8.2.1.6  "直播＋产品推销"营销模式

"直播＋产品推销"营销模式是指将特定的产品交给主播，并依赖其独特的方式和魅力在直播过程中进行推广与销售。这种模式对主播的直播营销能力提出了较高的要求，因为他们需要借助自身的影响力、沟通技巧和对产品的深入了解，来吸引观众的注意并激发他们的购买欲望。

在这种营销模式下，主播不仅需要具备出色的表达能力，能够清晰、生动地介绍产品的特点、优势和价值，还需要掌握有效的销售技巧——如何设置悬念、引导观众互动、回答观众疑问等，以促成交易并提高转化率。

此外，"直播＋产品推销"营销模式还需要主播与观众建立信任关系。这要求主播在直播过程中保持真实、诚信的态度，提供准确、全面的产品信息，并及时处理观众的反馈和投诉，以维护良好的口碑和形象。

## 8.2.2  案例分析

### 8.2.2.1  小米新品发布会

此案例采用"直播＋发布会"的营销模式。

2020年2月8日，小米官方宣布，"小米10"系列新机将于2月13日发布。这是小米旗舰店首次以纯线上直播的方式进行新品的发布。官方表示还有更多精彩的"第一次"将会揭晓。

发布会前，小米利用自己的媒体矩阵发布直播信息，以极具科技感的海报吸引受众眼球。

小米直播发布会的内容包含企业负责人演讲、小米10周年回顾、小米新产品的新技术及新性能介绍、新产品的价格公布、预售渠道介绍以及其在行业中达到的新成就。可以观看这场直播的平台多达71个，包括腾讯视频、爱奇艺、优酷及微博等已经具备较成熟体系的网络平台。

发布会前期、中期及后期不同阶段的传播，小米也给出了比较官方的示例。除了直播开始前的预热与直播中的互动、抽奖活动，在直播后期，小米官方表示会在发布会结束之后，不中断地为大家现场直播全球首个"小米10"开箱上手以及云连线媒体会，小米高层都将现身接受"云采访"。通过这样的方式，小米的这场直播营销较好地达成了线性传播范式，将受众在看完现场发布会之后对产品的直接需求——开箱，进行了准确把握，营销策略具备精准性。

### 8.2.2.2 携程联合抖音进行旅游直播

此案例采用"直播＋产品体验"的营销模式。

2020年3月23日，旅游行业的龙头企业携程联合抖音上演了一场别开生面的直播首秀，企业创始人与抖音达人联合出击，为用户送上超级福利，1小时的直播累计观众数达51万人，总销售额达1025万元，总订单数达6710单，全面点燃了旅游用户的消费热情。这次直播营销的骄人成绩为旅游行业实现"提前营业"做出了极佳示范。

在携程这次直播营销中，创始人联合优质旅游达人，唤醒了受众潜在的旅游需求，缩短了品牌转化链路。而抖音作为直播平台，邀请了在旅游领域与携程品牌调性契合的达人共同参与直播，覆盖抖音单身用户、情侣用户、家庭用户，通过活动抽奖送出总价值达100万元的1700个奖品，提升了活动话题热度，完美地打造了"直播＋产品体验＋网络红人＋互动"的直播模式。

这场针对旅游的直播营销，让用户足不出户就可以进行丰富的旅游体验，有效激发了用户的购买欲望，也为未来旅游直播营销的发展树立了标杆。

### 8.2.2.3 京东超市周年庆直播

此案例采用"直播＋互动活动"的营销模式。

2016 年 9 月，京东超市策划了一起全民互动营销大事件，抓住了"周年庆"节点，以"电商＋综艺＋直播"这一新奇有趣的创意玩法，充分释放了明星直播的 IP 效应。定制京东超市周年庆蛋糕礼物、任务征集、金币解锁、派发红包等，多种玩法提高了订单转化率，极大地激发了网友和粉丝参与的热情，也让直播有了更加新奇的意义。

2016 年 8 月 29 日至 30 日，也就是直播营销前期，京东超市抛出了 9 张明星海报，将 9 位明星的标签特质与品牌视觉相融合，向粉丝征集明星直播任务，让粉丝来决定偶像直播的主题。此外，随机拍摄的街访视频也在同一时间形成了病毒式传播。直播征集任务发布当天，各家明星粉丝及娱乐大号第一时间参与到传播当中，网友"脑洞大开"并积极留言，推动着综艺娱乐"剧情"的发展。直播征集刺激、有趣，也有效地向消费者传达了京东超市周年庆及相关促销的信息。

9 天的直播结束后，数据显示直播累计总观看量达 3680.3 万人次，点赞数达 9936.3 万，粉丝评论互动总数达 53910 条，其热度可想而知。而在直播活动的推动下，截止到此次周年庆活动落幕，京东超市商品销售额超 6000 万元。

### 8.2.2.4　南京创新周王牌行动

此案例采用"直播＋解密"的营销模式。

2020 年的南京创新周，南京团市委联动江北新区团工委、江宁区团委以及新浪江苏、今日头条、南京广电等单位，共同打造"2020 云看南京创新周"王牌行动。活动采用了"直播＋解密"的直播营销模式，设置了闯关解谜、寻找密钥、赢取神秘大奖等环节。红人主播、科技达人、高校科技爱好者及南京科技企业，通过微博、抖音等平台，利用直播方式在线解锁创新科技玩法。层出不穷的科技展示、趣味新颖的互动方式引得网友不停点赞和刷屏。此次网络直播累计观看人数超 460 万人次，"云看南京创新周"微博话题阅读量突破 978 万，达到了非常好的营销效果。

### 8.2.2.5　罗永浩抖音直播

此案例采用"直播＋大佬访谈"的营销模式。

2020 年 4 月 1 日晚上 8 点，罗永浩抖音直播首秀开场。这场直播的特点之一就是邀请了多位品牌大佬亮相直播间：小米集团中国区总裁卢伟冰、搜狗原 CEO 王小川、极米科技 CEO 钟波等。他们通过发红包的互动方式，迅速拉近了品牌与受众之间的距离。

### 8.2.2.6　董宇辉双语直播卖货

此案例采用"直播＋产品推销"的营销模式。

2022 年 6 月 9 日上午，在新东方在线旗下的东方甄选直播间，董宇辉的一场直播毫无预兆地解锁了流量密码，火爆全网。介绍商品时，他中英文切换自如，诗词歌赋信手拈来，时不时迸发浓缩智慧的金句。他一边用地道的英语介绍牛排，一边在一旁的白板上写下一个个关于牛排、调料包的英文单词，其间又随口穿插几句自嘲的调侃——"当我拿出这个方形煎锅时，肯定有网友要说和我撞脸了"。随后，东方甄选直播间迎来爆发式增长，短短一周，粉丝已超 600 万；新东方在线的股价也一路飙升，一度上涨近 40%。

# 8.3　短视频的发展与主要平台介绍

## 8.3.1　短视频概述

随着 5G 的全面商用，短视频在 2020 年迎来了爆发式增长，其电商化的趋势也日渐凸显。相比传统的电商类平台，短视频平台运营的主播化更易让用户对产品产生间接的信任感。《中国网络视听发展研究报告（2023）》发布，显示我国短视频用户规模达到 10.12 亿，而市场竞争格局也趋于稳定，内容创作更加精细化，商业变现模式也逐渐成熟。短视频平台拥有庞大的用户数量，利用短视频平台进行营销有成本低廉、购物方式便捷、营销互动性强等特点，是当前社会营销发展所必然要经历的过程。

### 8.3.1.1　短视频的定义

短视频作为一种现代化的互联网视频内容传播手段，已经深入人们的日常生活。它主要依托互联网新媒体平台，如社交媒体、视频分享网站，进行广泛传播。其时长短暂，从几秒的片段到几分钟的小故事，都能囊括其中，因此特别适合在移动状态或短暂休闲时刻观看。这种高频推送的视频形式，不仅满足了现代人碎片化时间的需求，也极大地丰富了人们的视觉体验。

短视频的内容虽然简短，但能独立成篇，讲述一个完整的故事或表达一个明确的观点。同时，它们也可以按照主题或系列进行组合，形成连贯的叙事或话题探讨。这种灵活性使得短视频在内容创作上具有极大的自由度，能够迅速响应时事热点，满足用户的多样化需求。

当前，短视频行业正处于飞速发展的阶段。随着智能手机和移动互联网的普及，越来越多的用户开始接触并使用短视频应用。这不仅推动了短视频用户数量的激增，也促进了行业规模的持续扩大。同时，短视频在社交媒体上的分享和传播，也使其社会影响力不断提升，成为移动互联网业态中不可或缺的一部分。

在市场竞争方面，抖音、快手等头部短视频平台凭借强大的用户基础、优质的内容创作和精准的算法推荐，在下载量、排行榜和应用市场评论数等多个维度上展现出卓越的竞争力。此外，微信视频号、西瓜视频、抖音火山版、微视、美拍、秒拍等各具特色的短视频平台也凭借独特的用户定位和内容策略，吸引了不同需求的用户群体。同时，一些新兴的短视频平台则专注于垂直细分领域，通过深耕特定领域的内容和服务，为行业发展不断注入新的活力。

### 8.3.1.2 短视频的特点

短视频和传统视频比起来，主要是以"短"见长。其主要特点如下。

#### 8.3.1.2.1 短小精悍，内容丰富

短视频的时长一般在15秒到5分钟，其内容融合了技能分享、幽默娱乐、时尚潮流、社会热点、街头采访、公益教育、广告创意、商业定制等。短视频短小精悍，内容丰富，题材多样，灵动有趣，娱乐性强，注重在前3秒吸引用户，节奏快，内容紧凑，符合用户碎片化的阅读习惯。

#### 8.3.1.2.2 低准入标准，简化制作程序

与传统视频相比，短视频显著降低了创作与传播的难度，简化了制作流程。创作者仅需一部手机，便能轻松完成拍摄、编辑、上传及分享。现今主流的短视频应用多数提供一键式滤镜与特效功能，这些功能易于学习掌握，大大降低了使用门槛，使更多人能够参与到短视频的创作与分享中来。

#### 8.3.1.2.3 富有创意，极具个性化

短视频的内容更加丰富，表现形式也更加多元化，更符合"90后"和"00

后"个性化和多元化的审美需求。用户可以运用充满个性和创造力的制作和剪辑手法创作出精美、震撼的短视频,以此来表达个人想法和创意。例如,运用比较动感的节奏,加入幽默的内容,或者进行解说和评论等,让短视频变得更加新颖。

#### 8.3.1.2.4 高效传播,强大交互性

短视频以其低传播门槛和多样化的渠道,轻松实现迅速扩散,特别是在熟人间的分享。创作者不仅能在平台上直接展示自己的作品,还能观看他人的视频内容,并通过评论和点赞进行互动。这种多样化的传播手段和互动方式,大大增强了短视频的传播效果,拓宽了其传播范围,并赋予了内容更强的交互性。

#### 8.3.1.2.5 观点鲜明,信息接受度高

在快节奏的生活方式下,大多数人在获取日常信息时习惯追求"短、平、快"的消费方式。短视频传播的信息观点鲜明、内容集中、言简意赅,容易被用户理解与接受。

#### 8.3.1.2.6 精准定位,引发营销效果

相较于其他营销手段,短视频营销能够更精确地锁定目标受众,实现高效且有针对性的市场推广。短视频平台常设有搜索框,并通过搜索引擎优化技术,确保当用户搜索相关关键词时,能够迅速呈现相关视频内容。这种用户主动搜索的行为,为短视频营销提供了更为准确的定位。

在浏览短视频时,我们经常会遇到广告插入,有时甚至可以直接通过视频界面将商品加入购物车,这正是短视频所引发的营销效应。众多广告商选择与短视频平台合作,借助其广泛的用户基础和高度互动的特性,来推广产品、提升品牌知名度。

## 8.3.2 短视频的发展历程

### 8.3.2.1 萌芽期:短视频的前身

短视频的源头有两个:一个是视频网站,另一个是短的影视节目,如短片、微电影,后者出现的时间比前者更早。2004 年,我国首家专业的视频网站——乐视网成立,拉开了我国视频网站的序幕。2005 年,美国的视频分享网

站 YouTube、Viddy 等备受用户欢迎，其发展经验和成功模式也引起了我国互联网企业的效仿，土豆网、56 网、激动网、PPTV 等相继上线，成为我国视频网站群体发展初期的主要成员。

视频网站在国内刚兴起时，就以用户上传分享的短视频见长。但在 PC 互联网时代，视频网站内容仍以传统电视传媒的内容为主，而短视频还只是补充。进入移动互联网时代之后，短视频才得到发展。

### 8.3.2.2　探索期：各类短视频平台崛起

随着移动互联网时代的到来，信息传播的碎片化和内容制作的低门槛促进了短视频的发展。2011 年 3 月，北京快手科技有限公司推出一款叫"GIF 快手"的产品，用来制作、分享 GIF 图片。2012 年 11 月，"GIF 快手"转型为短视频社区，改名为"快手"，但一开始并没有得到特别多的关注。2014 年，随着智能手机的普及，短视频的拍摄与制作更加便捷，智能手机成为视频拍摄的利器，人们可以随时随地拍摄与制作短视频。

伴随着无线网络技术的成熟，人们通过手机拍摄、分享短视频成为一种流行文化。2014 年，美拍、秒拍迅速崛起。2015 年，快手也迎来了用户数量的大规模增长。短视频的特点不只是时长短，更重要的是其生产模式由 PGC 转向了 UGC，这无疑让短视频的产量随之剧增，各类短视频平台也如雨后春笋般涌现。

### 8.3.2.3　成长期：短视频行业井喷式爆发

2016 年是短视频行业迎来井喷式爆发的一年，各大公司合力完成了超过 30 笔的资金运作，短视频市场的融资金额更是有 50 多亿元。随着资本的涌入，各类短视频 App 数量激增，用户的媒介使用习惯也逐渐形成，平台和用户对优质内容的需求不断增加。2016 年 9 月，抖音上线，其最初是一个面向年轻人的音乐短视频社区。到了 2017 年，抖音进入迅速发展期；而快手在 2017 年 11 月的日活跃用户数也超过了 1 亿。

伴随着更多独具特色的短视频 App 的出现，短视频创作者也纷纷涌入，短视频市场开始向精细化和垂直化方向发展。此时，主打新闻资讯的短视频平台开始出现并急速增长，如《南方周末》的"南瓜视业"、《新京报》的"我们视频"、界面新闻的"箭厂"。

在短视频的成长期，内容价值成为支撑短视频行业持续发展的主要动力。

#### 8.3.2.4　成熟期：短视频行业发展回归理性

2018 年，快手、抖音、美拍相继推出商业平台；2020 年 4 月，微信也上线了视频号，短视频的产业链条逐步形成。此后，平台方和内容方不断丰富细分，在用户数量大增的同时，商业化也成为短视频平台追逐的目标。如今，以抖音、快手为代表的短视频平台月活跃用户数环比增长率出现了一定的下降，用户规模即将饱和，用户红利逐步减弱。如何在商业变现模式、内容审核、垂直领域、分发渠道等方面更为成熟，成为短视频行业发展的新目标。CNNIC第 53 次《中国互联网络发展状况统计报告》显示，截至 2023 年 12 月，我国网民规模达 10.92 亿人，较 2022 年 12 月新增网民 2480 万人，互联网普及率达 77.5%。当前，以短视频应用为代表的网络视听行业蓬勃发展，新场景、新业态不断涌现，不仅丰富了人们的生活，也深刻改变着文化的生产、传播和消费方式。

## 8.3.3　我国主要的短视频平台

### 8.3.3.1　抖音

抖音是 2016 年 9 月上线的一款音乐创意短视频社交软件，也是一个专注于年轻人的 15 秒音乐短视频社区。它的口号是"专注新生代的音乐短视频社区"，可见其目标用户为年轻用户，其产品形态是音乐短视频，其愿景是打造音乐社区。短视频 App 凭借社交承载信息量大、表达方式生动形象等特点迅速发展，开辟了新的社交方式。抖音一跃成为短视频的翘楚，其市场竞争力是不容忽视的，未来的发展潜力也是巨大的。抖音最初的受众群体主要是喜欢创意的 95 后，现在受众越来越广，视频内容也越来越多样化。

### 8.3.3.2　快手

与抖音偏潮流化的调性不同，快手更凸显生活化，致力于创造全民分享平台。因此，快手的用户主要还是三、四线城市的居民，年轻人较多，他们非常热衷于分享自己的生活，通过真实、质朴的内容引起其他用户的共鸣。相比其他平台，快手的达人和粉丝之间有更强的信任感，粉丝忠诚度高，由此打造了"老铁经济"。

### 8.3.3.3 微信视频号

微信视频号是 2020 年 1 月腾讯公司发布的短视频平台。微信视频号不同于订阅号、服务号，它是一个全新的内容记录与创作平台。视频号内容以图片和视频为主，还能带上文字和公众号文章链接，而且不需要 PC 端后台，可以直接在手机上发布。视频号支持点赞、评论，也支持转发到朋友圈、与好友分享聊天场景。视频号最大的优势，是它能跟微信体系的各个模块——公众号、小程序、微信支付、微信小商店等协同，通过这种无缝衔接来提高交易效率，降低交易成本。

# 8.4 短视频变现途径及其与直播的结合策略

## 8.4.1 短视频变现的途径

### 8.4.1.1 广告变现

广告是短视频平台上创作者获取收益的一种直接且普遍的方式。对于那些没有自己店铺、产品或品牌的创作者来说，接受广告合作尤为合适。例如，抖音平台已经推出了星图平台，用于对接广告资源，创作者接受广告的方式主要包括广告公司派单、广告主主动联系、创作者主动寻找广告主以及与 MCN 机构签约等。

当创作者的抖音账号积累了一定数量的粉丝并保持了稳定的视频播放量后，广告主通常会主动联系他们，创作者将通过在视频中植入软广告或硬广告的方式来实现收益。在制作广告内容时，创作者需要特别注意视频的呈现效果，既要考虑广告效益，也要避免对自身和广告品牌造成负面影响。广告植入不应过于生硬，以免引起粉丝的反感。在抖音平台上，许多本地美食账号就是通过广告合作来实现盈利的。

### 8.4.1.2 引流变现

引流，即将短视频平台上的粉丝或观众引导至其他平台或实体店铺的过程。一种常见的引流方式是引导粉丝关注微信号。通过在账号简介、视频描述或视频内容中嵌入个人微信号，可以吸引粉丝添加微信，进而在微信平台上进行商品销售或提供其他服务。这种策略在抖音等短视频平台上被众多达人广泛采用。

另一种引流方式则是将短视频平台的用户引导至实体店铺。这可以通过拍摄展示特色产品、店铺环境等内容的视频来实现。拍摄时，确保视频中包含店铺的位置信息，以便用户能够准确找到实体店铺。此外，还可以邀请顾客参与视频拍摄，以增加视频的多样性和可信度。通常情况下，这类实体店铺引流视频会被短视频平台优先推送给本地用户，从而进一步提高店铺的曝光度和客流量。

### 8.4.1.3 电商变现

国内主流的短视频平台均已推出了商品推广功能。以抖音为例，众多达人通过精心制作的视频内容激发粉丝的购买欲望，进而利用商品橱窗实现销售转化。对于有自有淘宝店铺的用户，他们可以在抖音上宣传自己的产品和店铺，吸引粉丝进行购买。即使没有自己的店铺和产品，用户也可以通过推广其他商家的商品来获得佣金收益。

### 8.4.1.4 知识变现

知识变现是另一种重要的收益实现模式。通常，这种模式的运作方式是先通过短视频分享专业知识，积累一定数量的粉丝后，再开始销售在线课程或提供相关服务。对于没有专业知识的用户，他们还可以选择成为分销商，通过推广课程来获得一定比例的分成。许多营销类账号和干货分享类账号都采用知识付费的方式来实现收益。在知识经济日益盛行的时代，这种变现方式将变得越来越普遍。

### 8.4.1.5 直播变现

直播作为一种有效的盈利手段，主要有两种收益方式。一种方式是依赖粉丝的打赏，即观众通过直播平台向主播赠送虚拟礼物或现金，以表达对其内容的喜爱和支持。另一种方式则是通过直播推荐和销售商品来获取收益。目前，第二种方式在收益上表现更为突出。

直播不仅为粉丝提供了一个实时互动的平台，增强了粉丝与主播之间的黏性，也使得主播能够更直接地向粉丝推荐和销售商品。这种直播卖货的方式因其高效和直接的特点，成了众多短视频达人的首选盈利方式。通过直播，主播能够实时展示商品特点、解答粉丝疑问，并直接促成购买行为，从而实现商品的快速销售和收益的最大化。

### 8.4.1.6　IP 衍生变现

很多坚持原创的抖音号都成了超级 IP，并且衍生出很多 IP 附加值来实现变现，如图 8-1 所示，这也是内容变现的绝佳方式。

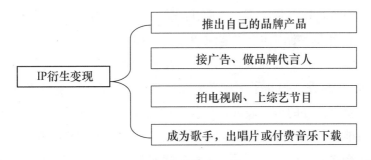

图 8-1　IP 衍生变现方式

抖音的短视频信息传播方式，可以帮助 IP 吸引有相同价值观的粉丝，实现大范围的精准营销变现。随着泛娱乐时代的到来，IP 全产业链价值正在被深度挖掘，那些成名的抖音达人的变现机会也会越来越多。

## 8.4.2　短视频运营的技巧

### 8.4.2.1　定位

好的定位是超级话题的基础。在当下的新环境中，如果想要找到适合传播的定位策略，就需要脱离传统的品牌定位，更多地基于传播人群去定位。其核心在于圈定最容易传播的人群，利用信息的独特性，击中圈层人群的传播欲望，以圈层人群为基点向四面八方扩散消息，短时间内达到一个极高的热度，进而依靠热度不断吸引更多圈层人群，最终打造一个既有量级又有转化潜力的营销事件。

##### 8.4.2.1.1　产品品类定位

产品品类的定位是，"将某个产品定位在消费者心中，让消费者产生类似的需求，就会联想起这个品牌的产品"。一个产品的定位，要充分结合市场上目标用户分布、消费能力、消费习惯等消费特征，通过详细的市场调研，进行细致的产品细分和定位。必须使自己的产品与市场上其他同类产品有所不同，看上去是市场上"唯一"的。产品品类定位，就是创造产品的差异性，找准产品的卖点和切入点。

##### 8.4.2.1.2　消费者市场定位

消费者市场定位所要参考的变量是：目标消费人群是谁？他们的消费能力如何？他们的消费特点是什么？他们获得产品的渠道有哪些？等等。只有消费者市场定位准确了，推广才有可能成功。

##### 8.4.2.1.3　传播平台投放定位

俗话说："酒香不怕巷子深。"但在信息爆炸的时代，一个好的产品、好的品牌想要获得良好的市场表现，仅仅靠过硬的产品质量显然是行不通的，还需要适宜的推广广告，即"自卖自夸"。在广而告之的广告轰炸已经过时的今天，选择什么样的平台传播、采取怎样的"自夸"方式，就变得异常关键，这需要根据产品品类定位和消费者市场定位来综合分析确定，要注意细分行业，精准锁定消费群体，进行定位传播。

### 8.4.2.2　关联

新媒体环境下，任何能够获得爆发式传播增长的事件，都是因为与用户群体产生了深度的关联，并且利用这种关联降低了用户消化和储存信息的成本，所以更快速、更暴力地在用户心中扎了根。

沃顿商学院的营销学教授乔纳·伯杰对最热文章进行追踪，提炼出"STEPPS"法则。"STEPPS"中的第一个"S"指社交货币（Social Currency），即符合消费者的炫耀需求；"T"指促因（Trigger），即用刺激物激发人们的记忆；"E"指情绪（Emotion），即通过情绪传染调动分享的欲望；第一个"P"指公共性（Public），即设计并包装产品和原创思想以制造一种行为渗透力和影响力；第二个"P"指实用价值（Practical Value），即运用专业知识为消费者创造价值；第二个"S"指故事（Story），即将重要的信息注入故事情节当中，方便大家记忆和口口相传。

其中的公共性、实用价值、故事3个部分，是通过与用户具备强关联的IP，结合产品的某项特征，打造能够让用户关注和传播的超级话题，从而达到传播品牌和产品的目的。

这与当下的传播环境是相吻合的。例如，《创造101》节目正是利用"STEPPS"法则，打造符合年轻社交环境的"社交货币"，通过情绪、实用价值、故事的包装，打造诸多富有公共性的超级话题，最终丰富了需要娱乐性话题的大众的生活，成为一个受欢迎的明星节目。

在这里，我们将营销领域中的关联性定义为：借助强IP，打造对用户具有影响力的超级话题，达到传播品牌和产品的目的。想要利用关联性打造超级话题，在营销中发挥作用，是有一些必备前提的。

#### 8.4.2.2.1　操盘者需要有优秀的网感

网感是对资讯的敏感度和对周边环境的感知度。有的人看到网上频繁地讨论中年人养生，第一时间会想到很多中年人都在用保温杯，进一步联想到保温杯里泡枸杞——这似乎成了中年人养生的标配，于是，将中年人用来泡枸杞的保温杯做成了热点。

#### 8.4.2.2.2　需要一个自带流量属性的IP

产生关联性的事物，其本身就必须具备话题属性，可以带来与用户较深的联结，以吸引更多的目光。当然，很多用户熟知的生活方式、娱乐场景、日常工具，高频共享的场景、空间、时间元素以及情绪、情感等，也是无法用流量来衡量的IP，它们在各种广告方法论中看不见，在后台的数据中也摸不着，但是它们会出现在我们看到的每一个热点、每一个广告之中。

#### 8.4.2.2.3　万物皆IP，寻找高频的共享场景

高频共享的场景、空间、时间元素以及情绪、情感等，都可以形成IP。2017年的"两会"期间，微信"总理给我发红包"和"两会喊你加入群聊"这两个H5活动，就是利用了红包和群聊这两种用户经常用的微信生态场景，成功在全国人民的朋友圈里刷屏。"两会"作为时政性很强的新闻话题，与红包、群聊这两种老百姓经常用的互动形式相关联，于是产生了裂变式爆发的传播效应。

### 8.4.2.3　趣味

趣味是指创意的表现形式要有趣，让创意更具共鸣性、话题性、争议性和传播性。如何使广告营销有趣呢？可以从以下几个方面进行尝试。

#### 8.4.2.3.1　会说话

简单来说，会说话就是通过夸奖的语气来满足用户的虚荣心和好奇心。有时候看似不经意却最直白的幽默，会更显有力。例如，江小白的"表达瓶"主打 UGC，在酒瓶上设置二维码收集消费者自己的想法，由此发布的每一段文案更能引起目标消费者群体的共鸣。同时，江小白把单向的广告变得互动性更强，将产品变成一个超级自媒体，使得江小白拥有无限的创作空间。

可能有人会认为，好品牌自己会说话。但是，只有产品卖得好的人才会说"好产品自己会说话"，卖得不好的好产品，因为品牌缺少记忆度，造成品牌的辨识度差，早早地就夭折了。品牌要学会进取和变通，学会怎么跟"90后""00后"等年轻一代好好"说话"，要不断顺应时代的变迁。

#### 8.4.2.3.2　模拟真实场景，让用户感受细节的用心

2018 年 8 月 1 日，连咖啡在其微信服务号上线了小程序"口袋咖啡馆"，用户可以自行装修和上架商品，拥有一家属于自己的咖啡店，并且可以在线上售卖咖啡。

据连咖啡首席营销官张洪基介绍，口袋咖啡馆上线首日 PV 超过 420 万，开设超过 52 万个咖啡馆，其中 10% 以上的咖啡馆实现了真实销售，售卖情况最好的口袋咖啡馆，仅第一天就卖出 200 多杯，甚至超过很多线下咖啡馆的单日销量。如此惊人的效果，一方面得益于微信营销环境的日渐成熟，另一方面也在于连咖啡对社群裂变营销玩法的创新。这是一套系统地引爆朋友圈的玩法，也处处藏着挠到用户痒处的小心机。

通过模拟真实的咖啡馆场景，用户因为趣味而将自身代入其中，并细致感受到连咖啡对于细节的追求与用心。而这样具有趣味性的互动，使得用户自然而然地与品牌站在了一起，不仅提升了品牌的知名度，还提升了用户的品牌忠诚度。

#### 8.4.2.3.3　玩不腻的小"彩蛋"

泰国广告在广告界以"神反转"著称，很多广告案例都非常经典和精彩。究其原因，是泰国的广告将那些猜中了开头却猜不中结尾的"彩蛋"玩得出神

入化。

无独有偶，如《吐槽大会》等节目形式本身就颇具话题点，品牌的幽默植入也很容易突破观众心防，拉近与观众之间的情感距离，进而引起病毒式传播。

#### 8.4.2.3.4　不如一起玩游戏

当下的年轻人是活力无限、热爱游戏的一代，因此，品牌要有针对性地用激励的方式满足用户的游戏心理。

例如，耐克在前几年研究出可以让消费者在运动中获得弹般缓震回弹感觉的"Nike Epic React Fly Knit"跑鞋，为了宣传推广这款产品，耐克花了2000万元在微信小程序游戏《跳一跳》中投放广告，将品牌露出和游戏玩法紧密结合，进行创意植入。游戏玩家跳上耐克定制盒子之后，基座会变色并出现"NIKE REACT"（品牌名称）的字样，稍作停留即可获得20分的额外加分，并看到"Go（走）"的动效。"弹""跳"既是《跳一跳》的玩法，也是耐克REACT系列跑鞋的特性。游戏和跑鞋"神同步"的一跳，既融合了游戏原有设置，让用户在沉浸式体验中感受产品特点，也大大提高了用户对新品的认知度和对品牌的认同感。而随着《跳一跳》的招商，品牌将有更多机会植入游戏中，拉近与用户之间的距离，让社交游戏与品牌创意碰撞出不一样的火花。

#### 8.4.2.3.5　制造点声响

制造点声响，就是通过对不同感官的刺激来增加产品印象及代入感。比如前几年很火的偶像训练生节目《偶像练习生》，通过明星带火了"Balance（平衡）"这个词。简单来说，声音作为操作行为的一种反馈，在提示用户的同时，可以增强代入感，也可以打破常规，吸引用户注意。

综上所述，不论是以上哪种手段，在使用之前都要认清，趣味是内容在各个环节上的一种锦上添花，增加趣味性需要在满足产品功能的前提下进行，不必为了有趣而强行"有趣"。在营销策划的过程中，也要多思考是否可以做更多深入的细节优化，反复推敲，在适当的场景中融入细腻的情感化设计，让趣味成为营销创意的点睛之笔。

### 8.4.2.4　传播

有效的品牌传播需要有效的传播策略，一个好的传播策略不仅可以帮助企业品牌传播聚焦资源，找到目标受众，投其所好地进行精准投放，还可以在出现问题的时候帮助企业及时调整，使品牌传播的大方向不发生偏移。

打造现象级传播不能靠运气，而是在一套客观、系统的传播策略支撑下的必然结果。一次现象级传播事件的产生，必然是精心调研、全面策划、脚踏实地地执行等各方面因素优势互补、同向合力的结果。

### 8.4.2.4.1 精准把握传播内容与用户需求的交会点

无论是视频、H5还是文案，其传播内容能否吸引用户的目光，关键在于是否能精确地触达用户的心理需求，这是构建广泛传播效应的关键所在。在确认内容时，我们既要深入了解用户及大众的精神文化需求，又要敏锐地捕捉新的热点和趋势，选择用户关心的话题，对话题的传播潜力和市场动态进行有预见性的评估。在策划营销活动时，我们需要深入挖掘本次宣传的核心素材，通过再加工和整合，提炼出内容的精髓，既要激发用户的分享欲望，又要借助当前的热点事件进行关联推广，引导潜在用户参与分享。

### 8.4.2.4.2 以匠心独运的态度打造优质内容素材

传播工作的实质在于内容素材的创造和传播，每一个广泛传播的案例，都无疑是内容创作者智慧与努力的结晶。要打造一个广泛传播的案例，除了需要精准把握用户的实际需求外，内容创作者的素质也是产出高质量传播素材的重要因素。创作者的知识储备和阅读品位直接影响着作品的内容深度，进而影响着作品与用户的契合度；创作者的文字功底和责任心直接影响着作品的编辑质量，进而影响着用户的阅读体验；创作者的审美标准和创新能力直接影响着作品的视觉效果，进而影响着潜在消费者的第一印象。因此，要打造广泛传播的案例，前提是要对高质量的内容素材持有敬畏之心，以匠心独运的态度进行创作。

### 8.4.2.4.3 利用关键意见领袖的影响力，创造粉丝热议话题

关键意见领袖是活跃在社交网络中的重要人物，他们通过微博、微信等平台为粉丝提供信息、观点和建议，并对粉丝产生深远影响，成为连接大众传播和人际传播的重要桥梁。由于意见领袖在其所在行业和领域的权威性，信息在传达给意见领袖后，再由他们传递给粉丝群体，使得信息内容更具说服力和可信度。各行业意见领袖的认可和公开推荐，可以显著提升作品的传播度和范围，甚至可能引发热点效应，成为粉丝间的热门讨论话题。

### 8.4.2.4.4 巧妙借助外力，再度提升声势，持续激活市场

面对海量的信息，受众对于填鸭式的灌输宣传和硬性广告产生了强烈的排斥感。因此，要使一个具有优质内容的作品达到广泛传播的效果，还需要学会

巧妙借助外力，树立话题意识和事件营销意识。针对策划的传播内容进行精心的话题设置，并通过开展活动和事件营销来进行宣传，从而持续吸引市场关注。

#### 8.4.2.4.5 运用大数据进行精确宣传

媒介技术的发展为多元化的策划和宣传提供了可能，同时也对企业的营销和传播能力提出了更高的要求。大数据技术能够记录大众在网络中的行为，如在购物网站各板块的停留时间、浏览频率、购买记录及购买内容。企业可以根据这些数据分析潜在用户的阅读偏好、媒体使用习惯等关键信息，从而实现对用户群的精确定位和内容的个性化推荐，提高宣传的精确性和有效性。

### 8.4.2.5 参与

人们的消费观念正在发生变化，从最初的"功能式"消费演变为"品牌式"消费，再到"体验式"消费，如今已进入了"参与式"消费时代。消费观念的改变也意味着营销传播不再囿于产品属性，更多地向社会属性延伸：让用户参与到体验与进程中。

除了制造好的内容、为用户搭建便捷的参与形式之外，还可以通过一些小窍门来增强用户参与的积极性，降低用户参与的门槛。

#### 8.4.2.5.1 测试类互动

每年年末、年初的时候，会有大量的平台做年终盘点和未来展望。比如网易云音乐会盘点用户在这一年听的歌曲，为用户生成一个年度歌单；支付宝也会做一个用户参与性比较强的支付宝年度账单，很多网友在朋友圈中晒出了自己的年度账单，并且根据账单来判断自己和他人的经济情况。

#### 8.4.2.5.2 模仿

模仿是用户参与 UGC 内容生产的常用形式。比如风靡网络的 UGC 产品抖音 App，以及前些年比较火的小咖秀等，都是基于一段背景音乐来创作属于自己的内容。

#### 8.4.2.5.3 挑战

挑战这种形式的参与有一定门槛，但很有趣。比如游戏《合成大西瓜》，大家纷纷在朋友圈和微信群里晒出自己合成的大西瓜。

#### 8.4.2.5.4 抒情

河南某中学心理学教师的那封"世界那么大，我想去看看"的辞职信，被网友评为"史上最具情怀的辞职信，没有之一"，在当时引发了热议。

目标用户参与一个品牌的互动，说明对该品牌有了初步的兴趣，此时，品牌最应该做的，就是对这种兴趣进行价值深挖，让目标用户参与品牌互动环节，将其打造成铁杆用户。

综上所述，参与式营销的方式有很多，没有哪一种是适用于所有品牌与企业的，最关键的是，品牌要真诚地听取用户的意见，积极反馈用户需求，与用户真正互动起来，让用户获得参与感。

### 8.4.2.6　转化

有流量的地方才有市场，市场的好坏看转化率。

对一个企业来说，在做产品营销之前一定要先将计划做出来，只有明确了步骤和目的，才能真正找到方向。不管多困难，也要认真完成每一步计划，这样才能够有效提升营销转化率。

做事情如果没有方法，是不会有效果的，做营销也是如此。只有发现了问题的核心解决办法，才能真正使营销发挥最大的转化效果。

在做营销的路上，还需要不断地总结与发现。只有不断地总结，才能找到影响结果的关键因素，才能更好地提升转化率。

一个产品，在不同的时间段下，客户对它的需求也不一样，只有保持不断改变营销模式的心态，才能够在变幻莫测的市场中找到自己的营销定位。对做营销的人来说，只有不断地模仿和学习，才能够知道自己的产品到底适合什么样的营销模式；只有不断地提升市场和营销洞察力，才能够真正获取更多的营销转化率。

## 8.4.3　短视频与直播的结合策略

短视频与直播的结合策略在当今的社交媒体和电商领域中具有显著的重要性。以下列举一些关键策略，有助于充分利用短视频和直播的优势，提升品牌曝光、用户互动和销售业绩。

### 8.4.3.1　内容协同策略

短视频可以作为直播的预热和引流手段。在直播开始前，发布短视频预告，吸引用户的关注并激发他们的兴趣。短视频的内容应与直播主题相关，展示产品的特点、用途或优惠信息，引导用户进入直播间了解更多详情。同时，在直播过程中，可以穿插播放相关的短视频片段，增加直播内容的多样性和趣味性。

### 8.4.3.2　互动提升策略

直播具有实时互动的优势，可以与观众进行即时的问答、投票和抽奖等活动。为了提升互动效果，可以在短视频中设置互动话题或挑战，引导用户在直播间进行讨论和参与。此外，可以利用短视频的评论区收集用户的问题和反馈，为直播提供有针对性的内容和互动环节。

### 8.4.3.3　用户沉淀与转化策略

通过短视频和直播的结合，可以吸引更多的新用户并促进老用户的沉淀和转化。为了实现这一目标，可以采取以下措施：首先，利用短视频的算法推荐功能，将内容推送给目标用户群体；其次，在直播中设置专属优惠、限时折扣等促销活动，鼓励用户进行购买；最后，通过数据分析和用户画像，对不同类型的用户进行个性化推荐和营销，提高转化率。

### 8.4.3.4　跨平台合作与流量共享策略

为了扩大短视频和直播的影响力，可以与其他社交媒体、电商平台或线下实体店进行合作。通过跨平台的流量共享和资源互换，实现互利共赢。例如，可以与知名博主或意见领袖进行合作，邀请他们在自己的短视频和直播中推广产品；也可以与电商平台合作，将直播间嵌入购物页面中，提高购买转化率。

# 9 数字营销的未来发展趋势

## 9.1 大数据、人工智能在数字营销中的深度融合

随着数字技术的飞速发展，社会的各个领域都正在经历深刻的变革，一场全球性的发展浪潮正在兴起。在这个新的商业时代，商品和消费者从传统的线下空间被无缝连接到广阔无形的网络空间中，品牌所面临的竞争已不再局限于地域，而是需要与来自世界各地的海量品牌和商品进行激烈角逐。

如何迅速触及消费者，深入挖掘他们的潜在需求，以及如何有效传达消费者的个性化诉求，成为所有企业亟待解决的未来发展课题。品牌与消费者之间亟需建立一种更加紧密、高效的交流方式，以适应这一全新的市场环境。

为此，企业必须积极探索创新的营销手段，实现与消费者以及供应链的智能互联。此外，通过智能平台将消费者与服务提供者紧密连接，实现社会资源的智能匹配，也是企业未来发展的重要方向。当前，大数据营销、新零售、人工智能以及全域营销等领域已经成为企业家们密切关注的焦点。这些领域的探索和实践，将为企业开启新的增长篇章，引领他们走向更加辉煌的未来。

### 9.1.1 大数据与数字营销

在数字化时代，互联网的普及和与日常生活的深度融合，使得人们的日常

活动，如浏览网页、浏览社交媒体、观看影视剧、在线购物，都紧密地与网络空间和环境相连。这些行为被详细记录、存储，并通过标签和数据化的方式进行处理，最终构建成一个个人的大数据体系。

数据是信息的载体，大数据则是一个更为庞大和全面的信息载体，能够提供更细致、更深入的信息内容。对于企业而言，大数据在解读人们的消费行为、消费习惯、消费趋势等方面具有显著的优势和巨大的价值，有助于企业更精准地理解市场需求，优化产品和服务，从而在竞争激烈的市场中脱颖而出。

### 9.1.1.1　大数据营销的内涵

营销4.0时代以大数据等技术为基础，连接企业与客户的线上、线下活动，将客户消费路径的各项数据完整、实时地追踪、记录下来。在大数据技术的基础上，企业营销可以借助大数据技术将新型数据与传统数据进行整合，从而更全面地了解消费者的信息，对顾客群体进行细分，然后对每个群体采取符合具体需求的专门行动。因此，不论是学术界还是企业界，都将大数据营销视为关注的热点、核心问题，而有关大数据营销的定义，相关学者表达出了自己的观点。其中，曹虎等定义大数据营销是以大数据技术为基础，通过大数据独特的分析技术应用于企业营销工作，提升营销的精准性与有效度的营销改进的手段和资源。

随着大数据的发展，大数据营销不再只是大企业可以实施的资源模式。拥有海量客户数据的大数据平台（如电商、社交媒体、搜索引擎）把客户数据和营销环节做成标准化产品。企业能轻易地实现"找到目标客户—分析目标客户—对目标客户进行营销推送—引导目标客户进行消费"的全闭环。首先，将目标客户根据数据分析确定下来，然后多维度了解客群特征，对市场内客群人口属性、财富属性、到访频次、到访时间段、停留时长、应用偏好、消费地以及居住地的分布等多维度分析，充分了解市场内客群特征。通过对经营数据的分析刻画出消费者画像，对目标客户进行营销推送，从经营数据来看消费者偏好，从而更好地引导消费。

### 9.1.1.2　大数据营销与传统营销的区别

#### 9.1.1.2.1　跨平台数据收集

在进行大数据营销时，数据的收集往往跨越多个平台。从不同平台和来源汇集数据，可以更全面、更准确地描绘消费者的行为模式。

#### 9.1.1.2.2　实时性策略应用

大数据营销非常注重实时性。通过先进的技术方法，企业能够深入了解消费者的即时需求。即使在消费者的购买行为和方式可能在极短时间内发生变化的情况下，企业也能迅速响应，确保在消费者决定购买的关键时刻，及时为其提供相关的商品信息。

#### 9.1.1.2.3　定制化推广策略

大数据营销的理念已经从以媒体为中心转变为以受众为中心。利用大数据技术，企业可以精细地描绘出消费者画像，深入理解目标受众的特征，从而实施高度个性化的营销策略。

#### 9.1.1.2.4　高效成本效益

相较于传统广告中"有一半广告费用被浪费"的情况，大数据营销显著提高了广告主的投放精准度。通过实时的效果反馈，广告主能够迅速调整投放策略，从而实现更高效的成本效益。

#### 9.1.1.2.5　高度关联性

大数据在收集信息的过程中，能够迅速洞察目标受众的兴趣点。这些宝贵的数据使得广告在投放时能够展现出前所未有的关联性，消费者所接触到的每一条广告都能与之前的广告内容形成深度互动，从而提升广告的吸引力和效果。

大数据营销与传统营销之间的区别，见表9-1。

表9-1　大数据营销与传统营销之间的区别

| | 大数据营销 | 传统营销 |
|---|---|---|
| 含义 | 基于多平台的大量数据 | 为一种交易营销，强调将尽可能多的产品和服务提供给尽可能多的顾客 |
| 特点 | 数据来源通常是多样化的 | 消费者在消费过程中的现场交流性更强 |
| 运营方式 | 大数据营销是在大量运算基础上的技术实现过程 | 传统的市场营销策略是由迈肯锡教授提出的4P组合 |
| 时效性 | 具有很强的时效性 | 广告成本大且有时间和地域限制，时效性相对较低 |
| 个性化 | 借助于大数据技术可以得知目标受众的特点，充分体现了有效的个性化特点 | 传统营销活动往往是以媒体广告为主，其个性化特点并不明显 |
| 性价比 | 大数据营销让营销对象更加精准化 | 传统广告投放的时候属于散弹式投放，缺乏精准性，容易造成一定程度上的广告费用浪费 |
| 关联性 | 大数据营销的一个重要特点在于网民关注的广告与广告之间的关联性 | 企业广告之间的关联性较弱，无法迅速及时地获悉顾客的消费偏好与意愿 |

### 9.1.1.3  大数据营销的实施步骤

*9.1.1.3.1  数据收集*

随着社会的信息化进程加速和智能手机用户的不断增加，几乎每个人都与网络信息技术紧密相连。企业会利用包括社交媒体在内的各种互联网工具来收集消费者数据，构建专业的数据库，为后续营销活动的顺利开展奠定坚实基础。

*9.1.1.3.2  数据分析*

在收集到大量信息数据后，企业需要对这些数据进行汇总和深入分析。信息智能工具在这一过程中发挥着重要作用，它能够对收集到的数据进行挖掘和分析，进而建立用户模型。当私人数据库中的数据积累到一定量时，就可以进行用户画像分析，为消费者打上个性化标签。

*9.1.1.3.3  数据应用*

将经过分析和汇总的信息数据应用到营销策略中，可以显著提高营销的精准度和效果。这一环节至关重要，企业需要根据分析出的数据制订符合用户需求的营销方案。通过结合目标群体的不同特征，企业可以生成有针对性的营销宣传内容，提升消费者对营销内容的认同感和接受度，从而获得更好的市场反馈。最终，企业需要用产品来解决用户的痛点，建立有效的消费关系。

### 9.1.1.4  大数据与数字营销的融合应用

数据应用是让数据变废为宝并产生价值的重要一步。目前大数据的应用已经涉及许多领域，主要体现在以下几个方面。

*9.1.1.4.1  基于用户数据的产品设计*

用户数据具有非常大的潜在价值。例如，用户的评价数据是企业改进产品设计、产品定价、运营效率、客户服务等方面的数据基础，也是实现产品创新的重要方式之一。有效采集、分析和评价用户数据，将有助于企业改进产品、运营和服务，有助于企业建立以用户为中心的产品创新，而这一切要建立在大数据之上。

*9.1.1.4.2  符合用户消费能力的产品定价*

产品的定价很大程度上取决于产品的成本，但是，用户的消费能力也是决定产品价格的重要因素，所以，通过分析用户的消费能力数据来为产品进行合理定价也是大数据技术的核心应用。要确保产品定价的合理性，需要先进行数据试验和分析，主要研究客户对产品定价的敏感度，将客户按照敏感度进行分类，测量不同价格敏感度的客户群，对产品价格变化的直接反映和容忍度，通过多次实验找到合适的定价范围，最终为产品定价提供决策参考。

### 9.1.1.4.3 基于数据分析的广告投放

广告是产品面向用户的一扇窗户，通过数据分析进行精准的广告投放，将会产生不一样的广告效果。例如电视广告，各大卫视黄金时段的广告费是最贵的，因为想要在这个时段打广告的企业特别多，通过数据分析不难发现，每天吃完晚饭之后看电视的人数最多，说明这个时段接收广告信息的人数是最多的，所以企业要在黄金时段打广告。再如互联网广告，根据广告被点击和购买的效果数据与广告点击时段分析等，进行有针对性的广告投放，这些都需要建立在大数据的数据分析基础之上。

### 9.1.1.4.4 个性化产品推荐基于客户行为

通过分析客户的个人信息、交易记录、订购和购买路径等行为数据，以及参考同一商品的其他访问或购买客户的行为模式，我们可以进行客户行为的相似性分析。这种分析有助于我们为客户提供更加精准和个性化的产品推荐，从而满足他们的独特需求。

### 9.1.1.4.5 社区热点趋势预测

网络社区中的热门话题和搜索引擎的热点分析可以被视为流行趋势的预测工具。例如，当一款新型手机上市时，与之相关的手机壳通常会热销。这种热销趋势可以基于用户对新手机的依赖程度进行预测，而所有这些预测都是基于数据分析的结果。

### 9.1.1.4.6 外部环境数据的研判与应用

通过收集和分析市场竞争者的产品、促销等数据，以及外部环境数据（如天气状况、重大节日、时政新闻、社交媒体上的情绪），我们可以发现外部形势的演变趋势并进行预测。这种预测有助于企业及时应对环境变化，制订有效的市场策略。例如，在雾霾天气下，空气净化器可能会热销；在重大购物节日如"618"或"双11"期间，消费者购买力可能会增强；而社交媒体上的情绪变化也可能反映出消费者对某些产品或服务的态度和需求变化。

## 9.1.2　人工智能与数字营销

### 9.1.2.1　人工智能的内涵

#### 9.1.2.1.1　人工智能的定义

"人工智能"的概念最早由约翰·麦卡锡于1956年提出。美国斯坦福研究所人工智能中心的N．J．尼尔逊对人工智能所下的定义是：人工智能是关于知识的学科——怎样表示知识以及怎样获得知识并使用知识的科学。1978年，贝尔曼提出人工智能是与人的思想、决策、解决问题和学习等有关活动的自动化。我国李德毅院士给人工智能下了一个比较详尽的定义："探究人类智能活动的机理和规律，构造受人脑启发的人工智能体，研究如何让智能体去完成以往需要人的智力才能胜任的工作，形成模拟人类智能行为的基本理论、方法和技术，所构建的机器人或者智能系统，能够像人一样思考和行动，并进一步提升人的智能。"从上述定义可以看出，尽管目前学界对于人工智能没有一个统一的定义，但是其核心在于人工智能是模拟人的所思、所想、所学、所行的机器或系统，即模拟人类智能活动的智能机器或智能系统。

#### 9.1.2.1.2　人工智能的层次

人工智能的核心发展方向包括运算智能、感知智能和认知智能。以下是这3个层次的简要说明。

（1）运算智能。这一层次主要关注于提升计算机的快速计算和存储记忆能力。在人工智能所涉及的各项技术中，运算和存储能力是目前计算机最具优势的部分。例如，1996年IBM的深蓝计算机成功击败了当时的国际象棋世界冠军卡斯帕罗夫，充分展示了计算机在运算智能方面的实力。

（2）感知智能。这个层次侧重于模拟和发展人类的视觉、听觉、触觉等感知能力。与自然界进行交互是人类和动物的基本能力，而自动驾驶汽车正是通过激光雷达等感知设备结合人工智能算法来实现类似的感知智能。

（3）认知智能。简单来说，认知智能就是使机器具备"理解"和"思考"的能力。人类通过语言形成概念，进而进行推理。因此，概念、意识、观念等都是人类认知智能的体现。在人工智能领域，追求认知智能是使机器更加接近人类智慧的重要方向。

### 9.1.2.2　智能营销的内涵

经过多年的发展，人工智能技术在许多领域的应用已经取得了显而易见的进步，如智能制造、智能家居、智能医疗、智能交通、智能教育、智能安防，在营销领域也取得了较为成熟的进展。智能营销是通过人的创造性、创新力以及创意智慧将先进的计算机、网络、移动互联网和物联网等科学技术融合应用于当代品牌营销领域的新思维、新理念、新方法和新工具的创新营销新概念。智能营销讲究知与行的和谐统一，讲究人脑与电脑、创意与技术、企业文化与企业商业、感性与理性的结合，创造以人为中心、网络技术为基础、营销为目的、创意创新为核心、内容为依托的消费者个性化营销，实现品牌与实效的完美结合。它将体验、场景、感知、美学等消费者的主观认知建立在文化传承、科技迭代、商业利益等企业生态文明之上，最终实现虚拟与现实的数字化商业创新精准化营销传播，是高效化市场交易的全新营销理念与技术。

### 9.1.2.3　人工智能与数字营销的融合应用

营销发展的重心已经从简单的触达和交互，逐步演变为对精准度和效率的追求，这标志着营销技术已经跨入了 AI 营销的新纪元。一方面，行业内的各种挑战正推动 AI 技术在营销领域的应用不断深化；另一方面，政策监管的逐步加强和资本市场的积极探索，也为 AI 营销的长期发展创造了有利条件。借助数据挖掘、自然语言处理（NLP）、机器学习等关键技术，AI 正在对传统营销的各个环节进行优化，并在用户洞察、内容创作、创意投放、效果监测及行为预测等方面取得了显著成果。

#### 9.1.2.3.1　用户洞察：通过整合多方数据库，实现精准的用户定位

在营销活动中，准确识别用户兴趣并定位目标用户是至关重要的第一步。传统营销方法受限于人力和主观判断，难以对用户特征进行全面、准确的分析。然而，AI 技术凭借其强大的数据处理能力，可以迅速对来自多个渠道的大量数据进行分类和处理，进而构建出精准的用户画像。此外，随着用户行为的日益碎片化和多元化，AI 还能通过深度学习不断自我优化和进化，实时追踪用户行为的变化，从而有效降低营销成本并提高营销效果。目前，类似用户定位（Look-alike）技术就是人工智能在用户洞察领域的典型应用之一。

### 9.1.2.3.2　内容创作：依托用户标签，定制个性化内容

在传统营销模式下，营销创意和素材的制作主要依赖人工，因此制作周期长且受限于生产力，难以满足不同用户的多样化兴趣。然而，借助 AI 技术，我们可以对大量现有素材进行整合和分析，迅速根据活动内容生成丰富多样的营销创意。这不仅显著缩短了创意生成的时间，还能更精准地契合用户兴趣，从而提高用户点击率和转化率。

### 9.1.2.3.3　创意投放：精准定位用户偏好渠道，提升触达效率

随着互联网的蓬勃发展和移动设备的广泛普及，用户的时间和注意力逐渐转移到在线社交、短视频等新型平台上，营销场景也随之拓展。在旧的营销模式下，广告主难以量化筛选适合自身的投放平台和方式。然而，AI 技术能够在已分类的用户群中精准识别目标用户，并通过定量分析准确判断这类用户的媒体和场景偏好。这有助于广告主在投放方式、场景及时间等方面做出最优决策，从而在有效控制成本的同时提升营销效果。

### 9.1.2.3.4　效果监测：精准识别并过滤虚假流量，确保营销结果的真实性

AI 技术在营销活动投放后的阶段同样发挥着重要作用，它能够对投放效果进行监测、分析，并对相关环节进行优化。随着广告主对营销结果透明度和真实性的要求日益提高，AI 技术凭借其庞大的数据库优势，可以精确识别投放效果中的作弊行为。同时，通过对用户后续行为的跟踪分析，AI 还能有效判断是否存在人为的"刷效果"行为，并针对这两类虚假流量采取反制措施。这不仅打破了产业链角色间在营销效果上的信息壁垒，还为广告主节省了投放预算，提升了品牌宣传效果和安全性。

### 9.1.2.3.5　行为预测：预测用户未来需求，全面满足用户需求

针对用户特征和行为的分析是确定用户兴趣、开展有针对性营销活动的基础，能够有效提升营销效果。然而，用户需求会随着时间的推移而发生变化，因此广告主更希望能准确预测未来一段时间内对自身产品有需求的潜在客户。在过去，商家很难获取客户在不同领域中的消费行为数据，更难以发现其中的规律。但现在，基于 AI 的数据存储和用户洞察能力，商家可以对相似用户的消费行为进行对比分析，了解不同时期客户对于不同需求的意愿——无论是同行业还是跨行业的。这样，商家就可以根据这些分析制订有针对性的营销方案，从而提前占据市场有利位置。

# 9.2 全域营销时代的企业战略布局与发展方向

## 9.2.1 全域营销时代的内涵

伴随数据处理技术和运算能力的提升，出现了数据思维，进而产生了智能营销。数字化转型是所有品牌商无法回避的大势。2016 年底，出现了全新的数据赋能的营销方法论。

阿里巴巴商学院王鹏等在《电商数据分析与数据化营销》一书中提到，全域营销往往能深刻洞悉人性，掌握市场趋势，能够给客户提供超过预期的产品和服务。阿里巴巴集团市场部全域策略中心总经理陆弢提出，全域营销的本质虽然还是营销，但是基于数字赋能，营销的应用不再断层，它变得可视化、可优化、可量化。全域营销的一大核心价值就是帮助品牌方找到销售数据与消费者沉淀之间的营销逻辑。阿里巴巴 CMO、阿里妈妈总裁董本洪也表示，全域营销不仅能够指导品牌的营销投放，还能让消费者的行为数字进一步影响和倒逼品牌商做出更有利于市场的改变。

根据业界人士对全域营销的理解，本书赞同阿里巴巴提出的全域营销的定义，即在新零售体系下，以消费者运营为核心，以数据为能源，实现全链路、全媒体、全数据、全渠道的营销方法论。该方法论旨在帮助品牌商以消费者为中心做数字化品牌建设，通过数字化地管理消费者关系，并分析消费者行为，最终把消费者跟品牌的关系用数据表达出来。

## 9.2.2 全域营销的特征

### 9.2.2.1 全链路覆盖

全域营销不仅仅局限于某个营销环节，而是从消费者对品牌的初步认知，到产生兴趣，再到购买决策，直至形成品牌忠诚的整个链路。在这个全链路中，无论消费者在哪个平台或渠道上进行了互动或交易，都会留下可追踪的数据痕迹。这为品牌提供了一个完整、连贯的消费者行为视图，有助于品牌更精准地把握市场动态和消费者需求。

#### 9.2.2.2 全媒体融合

全域营销充分利用了娱乐、购物、社交、移动出行等各个重要消费者触点的全媒体矩阵。这些媒体资源不仅覆盖了消费者日常生活的方方面面，而且能够与全域营销产品实现无缝对接。这意味着品牌可以通过多元化的媒体渠道，以更加一致和协同的方式传递品牌信息，提升品牌曝光度和影响力。

#### 9.2.2.3 全数据整合

全域营销建立了以 Uni ID 为基石的消费者统一身份标识体系。这一体系的核心功能在于能够全面贯通整个生态系统内的所有消费者行为数据，无论是线上浏览、购买记录，还是线下实体店的活动轨迹。这种全数据的整合与运用，为营销人员提供了深入了解消费者偏好、习惯和行为模式的能力，进而积累了宝贵的用户触达价值，为精准营销打下坚实基础。

#### 9.2.2.4 全渠道协同

全域营销强调线上与线下的深度融合与协同。通过打造服务、产品、商品和会员等各方面的打通系统，全域营销实现了线上线下的无缝衔接。这种全渠道协同的运营模式，不仅为消费者提供了更加便捷、一致的服务体验，而且借助数据驱动的决策优化，显著提升了品牌的运营效率和市场竞争力。

### 9.2.3 全域营销时代的企业战略布局

#### 9.2.3.1 数据中心：核心功能与运作

数据中心在全域营销中扮演着至关重要的角色。其主要任务是全面收集和整合来自不同渠道、不同维度的客户信息，进而细致地描绘出客户画像。这些画像不仅揭示了客户的群体性特征，还深入洞察了用户的偏好和需求。以阿里巴巴为例，其品牌数据银行作为一个高效的数据中心，专注于将品牌消费者数据转化为宝贵的资产。通过这一系统，品牌能够建立全面、细致的消费者数据资产管理，实时捕捉并沉淀品牌与消费者在线上、线下的每一次互动。这种互动数据的回流和沉淀，不仅帮助品牌持续累积消费者资产，还有效地催化了品牌与消费者之间的关系。

更为重要的是，品牌可以将自有数据与阿里巴巴独有的 Uni ID 进行匹配，实时融合成品牌自身独特的消费者数据资产。这种融合使得消费者数据资产在全链路透视下变得可评估、可优化、可运营，从而为品牌带来了前所未有的机会。通过精准地激活和增值消费者数据资产，品牌能够更加精准地触达目标用户，实现营销效果的最大化。

### 9.2.3.2 策略中心：优化决策与精准触达

策略中心在全域营销中同样占据着举足轻重的地位。它不断完善客户画像，持续优化营销内容，并确保信息能够精准触达目标受众。目前，全域营销在汽车、快消等传统行业中已经取得了显著的实践成果。以阿里巴巴的策略中心为例，该系统充分利用阿里大数据的赋能，为品牌制订基于全网消费者的精准策略。这种策略不仅迅速验证市场反应，还能够根据实时反馈进行优化调整。

策略中心提供了全面的市场格局分析、消费者细分研究、消费者态度及行为洞察以及持续的追踪优化服务。这些功能共同驱动了品牌业务决策方式的深刻变革，促进了品牌市场份额和渗透率的显著提升。通过策略中心的精准运作，品牌能够更加深入地理解消费者需求，更加精准地定位市场机会，从而实现营销效果和品牌价值的最大化。

### 9.2.3.3 流量中心：数据驱动的动态营销调整与优化

流量中心是全域营销中另一个至关重要的组成部分。其核心任务是根据从各个渠道触点回流的数据，精准追踪客户的转化途径，并基于这些数据对营销策略进行动态调整。以阿里巴巴的全域媒介工作台为例，这款产品作为全域营销方法论下的核心产品，旨在通过数据赋能代理商，从而提升品牌广告的效能和效率。全域媒介工作台提供了全面的策划、投放及投放后数据沉淀优化等功能，使代理商能够更加精准地执行营销策略，同时实时监测和调整广告效果。

全域媒介工作台的核心价值在于，它充分利用了阿里数据来进行品牌数字化媒体投放。通过这种投放方式，品牌不仅能够有效扩充和沉淀可运营的消费者群体，还能够用后链路兴趣行为来衡量品牌广告的真实影响力。此外，全域媒介工作台还开放了生态共建功能，支持代理商与DMP（数据管理平台）数据融合，从而帮助代理商更好地服务品牌主，实现全链路、全媒体、全数据和全渠道的营销。

全域营销的理念和方法彻底颠覆了传统碎片化的数字营销格局。通过统一身份体系，全域营销能够将原本碎片化的营销渠道和触点逐步统一起来，实现全媒体、全渠道、全链路的触达。在一次数字营销活动结束后，各种第三方监测数据、媒体展示数据和点击数据等都会被收集并储存到DMP中。这些数据资产将成为品牌进行消费者重新运营、管理和提取的宝贵资源，为后续的广告投放和应用提供有力支持。

全域营销的未来将更加注重数据和技术的运用。随着数据的不断积累和技术的不断进步，全域营销将能够以更加精准和高效的方式推动产品和营销升级。这种以消费者运营为核心的消费者生命周期品销全链路理念，将引领全域营销向更高的层次发展。同时，全域营销也将创造一个更加开放合作的生态环境，将品牌商的市场、电商、媒介、IT等部门以及代理商的策略、研究、创意、媒介等部门紧密联系在一起，共同推动营销的升级和发展。

## 9.2.4　全域营销时代的企业发展方向

全域营销时代的企业发展方向主要围绕以下几个方面展开。

### 9.2.4.1　数据驱动决策

在全域营销时代，数据已成为企业决策的重要依据。通过建设强大的数据收集和分析能力，企业能够实时掌握市场动态和消费者行为，从而更精准地制订营销策略和优化产品设计。

#### 9.2.4.1.1　数据收集

企业需要建立完善的数据收集系统，包括消费者数据、销售数据、市场趋势数据等。这些数据可以通过多种方式获得，如线上行为追踪、问卷调查、第三方数据平台。

收集到的数据需要进行清洗和整合，以确保数据的准确性和可用性。

#### 9.2.4.1.2　数据分析

企业需要运用先进的数据分析工具和技术，对收集到的数据进行深入挖掘和分析。通过数据分析，企业可以发现消费者的购买偏好、行为习惯，以及市场的发展趋势和竞争态势。

这些分析结果可以为企业的决策提供有力支持，如产品定位、价格策略、市场进入时机。

### 9.2.4.2　以消费者为中心

全域营销强调以消费者为中心，企业需要深入了解消费者的需求和偏好，以提供个性化的产品和服务。通过建立消费者画像，企业可以更好地满足消费者的需求，提升消费者体验和忠诚度。

#### 9.2.4.2.1　消费者画像建立

企业需要通过数据收集和分析，建立消费者画像，包括消费者的基本信息、购买历史、浏览行为、兴趣偏好等。

这些画像可以帮助企业更深入地了解消费者的需求和偏好，从而制订更精准的营销策略和优化产品设计。

#### 9.2.4.2.2　个性化服务提供

根据消费者画像，企业可以为消费者提供个性化的产品和服务，如定制化的产品推荐、优惠促销等。

这种个性化的服务可以提升消费者的满意度和忠诚度，从而促进企业的销售和品牌建设。

### 9.2.4.3　跨渠道整合

全域营销要求企业在各个渠道上提供一致的品牌体验和服务。企业需要整合线上线下的各个渠道，包括官方网站、社交媒体、电商平台、实体门店等，以确保消费者在不同渠道上都能获得良好的购物体验。

#### 9.2.4.3.1　渠道整合策略

企业需要制订跨渠道的整合策略，明确各个渠道的角色和定位，以及如何实现渠道之间的协同和互补。

通过渠道整合，企业可以实现消费者数据的共享和互通，从而提升消费者体验和营销效果。

#### 9.2.4.3.2　一致性体验保障

企业需要在各个渠道上提供一致的品牌形象和服务标准，确保消费者在不同渠道上都能获得相似的购物体验。

这包括统一的品牌标识、产品设计、服务流程等,以及便捷的跨渠道购物体验,如线上下单、线下提货。

通过这种一致性体验的保障,企业可以建立强大的品牌形象和消费者忠诚度,从而在激烈的市场竞争中脱颖而出。

### 9.2.4.4 创新营销手段

在全域营销时代,企业需要不断创新营销手段,以适应科技的发展和市场的变化。

#### 9.2.4.4.1 社交媒体营销

社交媒体已成为人们日常生活中不可或缺的一部分,企业需要积极利用社交媒体平台(如微信、微博、抖音)进行品牌推广和营销活动。通过发布有趣、有吸引力的内容,与消费者互动,提高品牌知名度和影响力。

企业还可以与社交媒体意见领袖合作,借助他们的影响力推广产品和服务,触达更广泛的受众群体。

#### 9.2.4.4.2 短视频营销

短视频已成为现代人获取信息的重要渠道之一。企业可以通过制作短视频来展示产品特点、使用方法、品牌故事等,吸引消费者的注意力。

短视频平台通常具有算法推荐功能,能够帮助企业精准地触达目标受众,提高营销效果。

#### 9.2.4.4.3 直播电商

直播电商是近年来兴起的营销手段之一,通过直播平台展示产品并进行实时销售。这种方式能够为消费者提供更直观、更真实的购物体验,同时提高销售转化率。

企业可以邀请知名主播进行合作,利用他们的粉丝基础和影响力推动产品销售。此外,企业还可以自主开展直播活动,与消费者进行实时互动,增强品牌黏性。

### 9.2.4.5 合作伙伴关系建设

在全域营销时代,企业需要与各类合作伙伴建立紧密的合作关系,共同推动业务的发展。

9.2.4.5.1　供应商合作

与优质供应商建立长期稳定的合作关系，确保产品质量和供应链的稳定性。同时，通过与供应商的深度合作，共同研发新产品，满足市场需求。

9.2.4.5.2　分销商合作

与分销商建立紧密的合作关系，拓展销售渠道，提高产品覆盖面。通过制订合理的分销方案和激励机制，调动分销商的积极性，共同推动销售业绩的提升。

9.2.4.5.3　营销服务商合作

与专业的营销服务商合作，借助他们的专业能力和资源，提升企业的营销效果。例如，与广告公司合作制订品牌推广策略，与数据分析公司合作优化营销策略。

## 9.2.4.6　全球化视野

随着全球化的加速推进，企业需要具备全球化视野，关注全球市场的动态和趋势。

9.2.4.6.1　关注全球市场动态

企业需要密切关注全球市场的动态和趋势，包括消费者需求的变化、新兴市场的崛起、竞争对手的动向等。通过收集和分析全球市场的信息，为企业制订全球化战略提供有力支持。

9.2.4.6.2　拓展海外市场

企业需要积极拓展海外市场，将产品和服务推向全球。通过深入了解目标市场的文化、消费习惯、法律法规等，制订本地化的营销策略，提高品牌在全球市场的知名度和影响力。

9.2.4.6.3　参与国际竞争

企业需要积极参与国际竞争，与全球优秀的企业同台竞技。通过不断提升自身的产品创新能力、营销能力、服务能力等，提高企业在国际市场的竞争力，赢得更多消费者的认可和信赖。同时，通过与国际企业的合作与交流，学习借鉴他们的先进经验和技术，推动企业的持续发展。

# 9.3 迎接新零售变革

## 9.3.1 新零售的内涵

2016 年 10 月，阿里巴巴创始人马云在阿里云栖大会上第一次提出了"新零售"，自此，无论是业界还是学术界，掀起了一股新零售热潮。

不同学者从不同的角度对其进行了界定。国内知名电商意见领袖、中国电子商务研究中心主任曹磊对"新零售"给出了定义：新零售以互联网为依托，通过运用大数据、云计算、物联网、人工智能等技术手段，基于"线上+线下+物流"数据打通。其核心是以消费者为中心的会员、支付、库存、服务等数据的全面共享，从而实现线上线下深层次融合，对商品的生产、流通、展示、销售、售后等全过程进行升级，进而重塑业态结构与生态圈。因此，新零售在业界也被称为"第四次零售革命"。杜睿云等指出，新零售是指企业基于互联网和大数据、人工智能等信息技术，对商品从制造、流转到销售环节进行全面改造升级，并对线上服务、线下体验和物流配送系统进行深度融合的新型零售商业模式。他们认为新零售商业模式的核心是实现线上线下一体化，使线上渠道功能与线下实体店力量协同配合，形成合力。常明哲和苏剑提出，新零售之"新"，就在于渠道的创新与融合，通过渠道融合搭建消费新场景，随时随地满足顾客的消费需求。

新零售指的是企业在人工智能、互联网等技术的帮助下，以消费者的体验为中心，对零售系统的资金流、物流和信息流不断地进行优化、升级，构建能够快速反应的柔性供应链和全渠道，实现运营转型升级。新零售是一种线上线下深度融合的运营管理新模式，可以为用户提供极致的消费体验，满足用户日益升级的消费需求。

## 9.3.2 新零售的本质

探求零售的变革，要回归零售的本质，要关注"场—货—人"核心三要素。传统零售的步骤是找场、整货、销售——这是传统零售的规则。新零售的本质是人、货、场的重构，新零售的规则不是"场—货—人"，而是"人—货—场"。

首先是人。在传统零售中，顾客与商家的关系更多的是随机关系或者弱关系。随机关系是指顾客买完即走，商家也难联系到顾客，因此之前开店旺铺很抢手。弱关系是指通过短信、微信等方式联系顾客，但是若顾客没看到信息就难以展开销售。在新零售中，顾客与商家之间构建了一种强关系，即商家与顾客间建立联系通道，让消费者可以在任何时间、任何地点以任何方式接触商品，商家也可以随时随地触达消费者。

其次是货。传统零售商家只能出售店铺中的现货，难以满足消费者的个性化需求。在新零售中，商家重塑供应链。零售商与生产制造商和供应链紧密合作，产生一个变革的生态系统。另外，商品也在改变，有实物商品、虚拟商品、服务等，甚至课程、知识等都可以是商品。

最后是场。当商家将消费者聚集起来，根据需求为其提供相应商品与服务之后，场就完全改变了。消费者可以到店内消费，也可以在 PC 端、App、智能音箱上消费，场所与场景完全改变。

## 9.3.3　新零售的变革

零售业走入了新阶段，而且正在经历着一场巨大的变革。在这场零售业的变革中，关键性的几个环节将出现变化。

### 9.3.3.1　供应链流程优化

新零售时代，供应链管理的本质其实并未发生改变，还是要集成和协同链条上的各个环节，如供应商、各个销售渠道、仓库、门店，使消费者需要的商品以准确的数量，在最短的时间内送到消费者手中，从而实现在满足服务水平的同时，使整个系统的成本最小化。在数据和技术的推动下，供应链流的建设与改进甚至会成为未来商业的胜负手。以阿里旗下的菜鸟裹裹为例，数据化的物流信息整合能力、立体式智能化的仓储条件、标准化的品控管理，正是菜鸟裹裹在阿里新零售布局中发挥作用的原因。再以淘工厂为例，工厂跟消费者已经直接互动，工厂的生产能力可以在互联网上直接售卖，通过"网红"引领、内容和互动，成为生产和消费的连接器，形成新的供应链生产制造模式。

### 9.3.3.2　实体零售的终端场景革命

对传统实体零售而言，它们通过建设漂亮时尚的商场、购物中心，以丰富的商品、礼貌的服务给顾客美好的体验。但是，这样的场景几十年来已经过度"商业化"，体验雷同，对消费者日渐缺乏吸引力。新零售下的场景革命，以"娱乐、互动、体验"为主诉求，将商业环境极大地融入娱乐、艺术、人文等主题，将商业嫁接上更多跨界的元素，给予消费者人性化的关怀，丰富多元化的体验，形成新的商业空间和氛围。例如，盒马鲜生选中餐饮业作为新零售的一个重要突破点，是因为新零售业态下的餐饮不单是最直接的体验中心，更是最直接的流量中心。除了专注于"吃"场景的盒马鲜生，永辉的"超级物种"、世纪联华的"鲸选未来店"、上品折扣的"上品＋"等新销售空间也都集中了多元场景。

### 9.3.3.3　重构商家与消费者关系

零售最本质的定位是一切行为都以消费者需求为导向，打破技术和渠道等壁垒，创造最好的品牌体验。不管零售业的生态怎么变，这一根本出发点不会变。在新零售时代，商家和消费者关系的重构核心就在于数据。将顾客的所有支付偏好、消费路径、消费习惯、会员信息、储值信息等数据全部收集，并利用大数据整合能力，将数据进一步分析、整理，便能够做到运营、营销、服务体验等方面的优化升级。

从零售到新零售，多的不仅是一个"新"字，而是多了新的供应链流程、新的销售场景、新的商家与消费者关系。在产业变革的同时，消费者也将从新零售中获益，享受更高效的服务、更优质的产品。只有关注效率和消费者体验的商家，才能真正乘着新零售的东风尽情翱翔。

## 9.3.4　新零售的商业模式

### 9.3.4.1　单维体验的商业模式

用户的消费体验来自3个方面。一是消费场景。零售企业的关键业务是消费场景打造，所有资源全部投到终端建设上，以此吸引流量和促成交易。这也是零售企业的传统打法——设计好门店、规范好陈列、标准化流程。这种商业模式认为门店是一个流量的入口，必须以门店为主导，和客户建立更紧密的联系。消费者与产品直接发生连接，愉悦、轻松、舒适的购物环境让消费者更容易产生购买欲望，也让他们更加认可这家门店，愿意再次或多次来，从而形成更大的流量。二是数据赋能。通过场景的数据采集和云端的数据分析可以让商家更加了解消费者，从而进行更精准的营销和更精细的服务，让消费者获得更全方位、更个性化、更贴心的服务体验。新零售企业的关键业务是云计算，所有资源全部投到数据算法上，这也是核心竞争力。三是会员营销。通过建立会员体系，让消费者形成一个社群，大家有共同的标签，形成一致的价值认同，且更有归属感的体验，最终获得一种被关爱、被尊重、有互动的体验。通过会员积分、等级制度等多种管理办法，增加用户的黏性和活跃度，使用户生命周期持续延伸。企业做好会员营销，让用户有情感上的投入，使用户拥有独一无二的个性化体验，这样，会使用户不仅被产品牢牢地黏住，甚至还愿意为这种体验支付高价。

## 9.3.4.2　升维体验的商业模式

新零售要实现体验的跨越式提升，必须升维思考，形成对旧零售和纯电子商务的降维打击，这就需要在传统单维体验的商业模式基础上进行叠加，形成升维体验的商业模式。升维体验商业模式通常有4种：消费场景＋数据赋能，即终端＋算法；消费场景＋会员营销，即终端＋社群；数据赋能＋会员营销，即算法＋社群；消费场景＋数据赋能＋会员营销，即终端＋算法＋社群。

### 9.3.4.2.1　终端＋算法

零售企业打造消费场景和用数据赋能，是新零售升维体验商业模式的典型之一，转型后的素型生活馆、宏图 Brookstone、良品铺子等就是这种模式的代表。在这一种升维模式中，零售企业利用消费场景作为端口导入用户吸引流量，再通过云端数据赋能更加精准地满足用户诉求，并实现再次的精准推荐，促成二次和多次交易，同时，基于消费画像的精准服务也增加了终端的吸引力。

### 9.3.4.2.2　终端＋社群

零售企业在终端上打造消费场景和实行会员营销打造社群，宜家居、兴隆大家庭、名创优品等就是这种模式的代表。在这一种升维模式中，零售企业利用消费场景作为端口导入用户吸引流量，再通过会员营销做好优质的社群服务，充分挖掘忠实消费者的价值，促成二次购买和多次购买，甚至是唯一购买（在同类商品上只在这里消费）。有数据显示，开发新客户的成本是维护老客户成本的6倍，足见服务好这些会员能产生事半功倍的效果，也能促进成本效率的快速提升。

#### 9.3.4.2.3　算法＋社群

零售企业通过数据赋能和会员营销，是便利店等小型业态和没有体验终端的互联网零售业态的升维体验商业模式。这些业态没那么注重消费场景打造，终端上主要基于便利和快捷，或者干脆没有实体终端门店，主要是通过打造平台撮合交易，用算法和社群打造升维体验，孩子王、拼多多、百度糯米等就是这种模式的代表。在这一种升维模式中，零售企业通过会员营销做好优质的社群服务，发展一批忠实消费者，最好成为铁杆粉丝。在获取足够信息后，通过数据赋能为之提供更好的服务，并通过打造双边平台用算法高效地匹配供给和需求，最终促成交易。

#### 9.3.4.2.4　终端＋算法＋社群

企业通过消费场景、数据赋能和强化会员营销，设计一种三维体验的商业模式，打造三位一体的用户体验。双维体验的模式能够产生"1＋1＞2"的协同效应，那么，三维叠加的升维体验模式能够达到"1＋1＋1＞3"的效果吗？盒马鲜生、国美零售、王府井百货等就是这种模式的探索者。在这一种升维模式中，零售企业利用消费场景获取流量并提供体验，通过会员营销做好服务，发展自己的粉丝社群，基于获取的数据为终端建设和会员服务赋能，做好精准营销。体验层层叠加，不是物理式累加，而是化学式融合，为用户提供三位一体的极致服务。

# 参 考 文 献

［1］骏君．流量营销［M］．广州：广东旅游出版社，2018．

［2］王菲．浅析短视频平台对电子商务营销的推动：以抖音为例［J］．科技经济导刊，2020，28（16）：215．

［3］秋叶．短视频实战一本通［M］．北京：人民邮电出版社，2020．

［4］孔雅轩．规律与逻辑：用户体验设计法则［M］．北京：人民邮电出版社，2019．

［5］张雨萌，短视频 APP 的营销推广模式分析：以抖音为例［J］．传媒论坛，2018，1（9）：174-175．

［6］柯醒，倪林峰．私域流量：流量池的自建与变现［M］．北京：化学工业出版社，2020．

［7］张毅．颠覆营销：移动时代的大数据精准营销［M］．北京：人民邮电出版社，2017．

［8］付峥嵘．触心：DT 时代的大数据精准营销［M］．北京：人民邮电出版社，2015．

［9］华杉，华楠．华与华方法［M］．上海：文汇出版社，2020．

［10］曹虎，王赛．什么是营销［M］．北京：机械工业出版社，2020．

［11］董永春．新零售：线上＋线下＋物流［M］．北京：清华大学出版社，2018．

［12］叶龙．微信公众号运营：粉丝及平台数据分析和营销［M］．北京：清华大学出版社，2021

［13］高雨果，张津铭．大数据时代下企业营销战略思维探究［J］．现代商贸工业，2020，41（27）：52-53．

［14］宋星．数据赋能：数字化营销与运营新实战［M］．北京：电子工业出版社，2021．

［15］谭贤，杜长清．O2O 融合：打造全渠道营销和极致体验［M］．北京：人民邮电出版社，2015．

［16］吴英劼，刘丹．增长起跑线：数字营销实战指南［M］．北京：电子工业出版社，2020．